駅舎のある風景

～人と時が描く鉄道物語～

越　信行　著

人々の思いが宿る駅

　1872年に日本で最初の鉄道が開業して来年で150年になる。この間、数多くの鉄道路線が敷かれてきた。まだ一般に車が普及していなかった当時、鉄道は貴重な脚《あし》であり、全国で栄えた産業とともに拡大。たくさんの物資や人が鉄道で移動した。

　しかし、戦後の高度経済成長期が終わりはじめると、それまで発展してきた鉄道は徐々に衰退していくことになる。特に大きな転機は1987年の国鉄の分割民営化で、不採算路線の多くが廃止となり、町から駅も消えていった。

　私が駅の撮影を本格的に始めた2002年頃も、全国から鉄道路線廃止のニュースが届いていた。

　同年3月には、私の父方の祖母が暮らしていた長野県須坂市を走る長野電鉄河東《かとう》線の一部区間の廃止が決まった。私はいても立ってもいられず雪解け前の木島線（信州中野-木島駅間の通称）へ向い、黎明《れいめい》期だったデジタルカメラで沿線の7駅を撮影した。

　当時の木島駅は無人化されていたが、残っていたきっぷ売り場が往時を偲《しの》ばせた。途中の赤岩駅では、たくさんの乗客に愛され、駅

を見守ってきた桜が大きく成長していた。しかし、この桜が再び咲く頃、そこには駅はない。なんともせつなく感じた。「駅は人生の交差点。駅は町の顔であり、人々の特別な思いが宿る場所」、そんなフレーズが頭をよぎった。

　駅の桜は、きっとその駅を愛する人が何年も前に植えたはず。桜を見て、駅から旅立った人や訪ねて来た旅人の心に、思い出として深く刻まれているに違いない。そうした思いを胸に秘め、さまざまな物語を求め私は全国の駅を巡る旅に出かけはじめた。

　駅の撮影で心がけていることは、人々が持つ駅への〝特別な思い〟をできるだけ写真に込めること。なぜその場所に駅があり、どんな人が利用してきたのか。その駅のシンボルとなるような草木、また山や海が見えるといった環境、さらにその地域の気候や光の特徴を考慮している。

　撮影した写真を見た人が、「こんな素敵な駅を一度訪ねてみたい」と思ってもらえるよう心がけている。そんな〝特別な思いが宿る駅〟を、これからも撮り続けていきたい。

越　信行

駅舎のある風景

［東海・北陸エリア］

［関西・中国エリア］

［四国・九州・沖縄エリア］

特別企画

ご覧いただく前に

掲載記事は、月刊「旅行読売」の連載「駅舎のある風景」の記事をもとに再編集しています。内容や写真などは過去に行った取材・撮影時のもので、運行状況やリニューアル、経年変化など現在と異なる場合があります。統一体裁で「本線」の「本」は省略し、また愛称名は使用しておりません。

駅舎さくいんマップ

※目安として、鉄道は主要な路線のみを記しています。

北海道・東北エリア

関東・甲信越エリア

東海・北陸エリア

関西・中国エリア

四国・九州・沖縄エリア

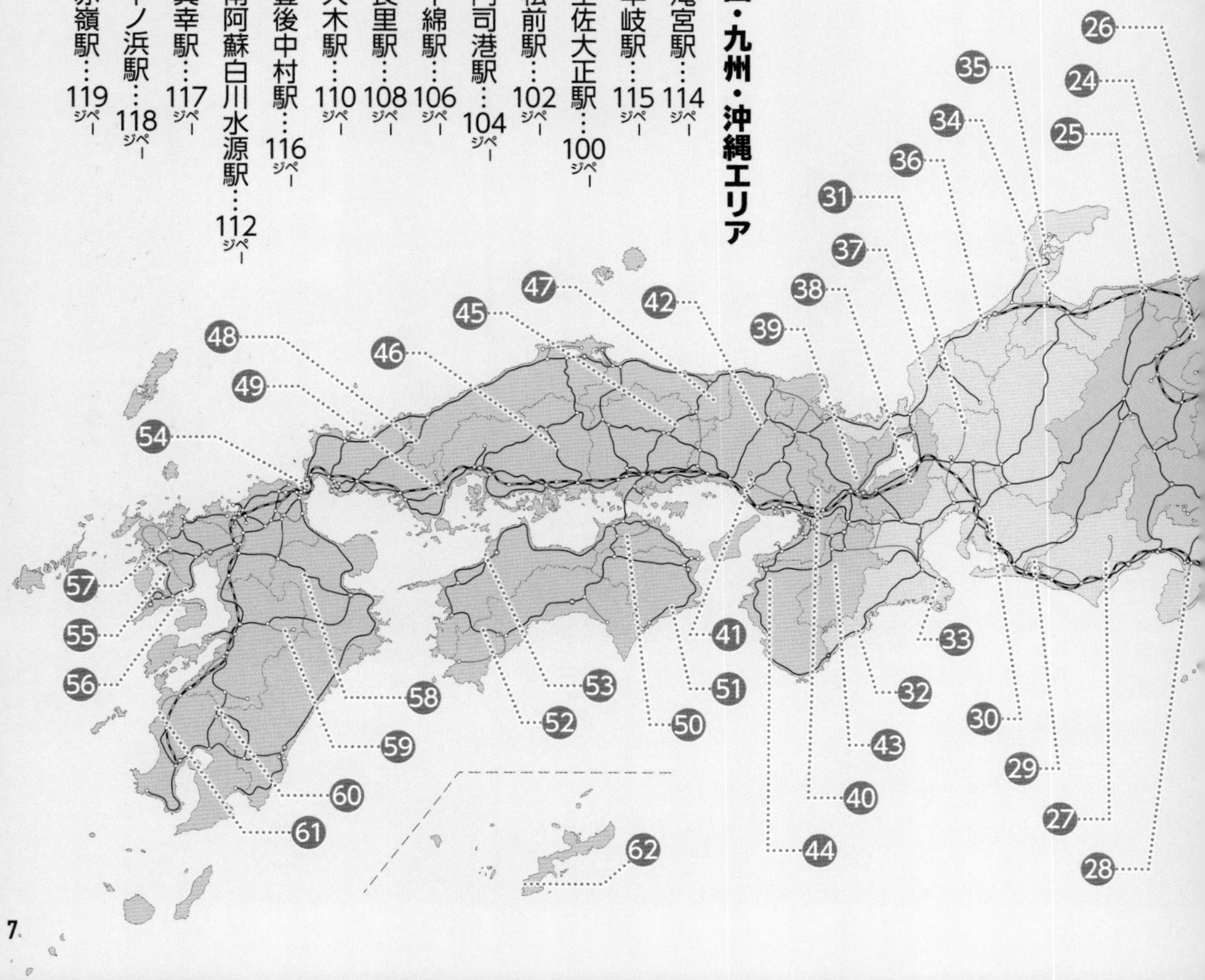

貴志駅《きし》

和歌山電鐵貴志川線｜和歌山県紀の川市《きかわ》

猫の顔をデザインした木造駅舎 執行役員の猫駅長が〝客招き〟

リニューアル前の貴志駅

2006年に、南海電気鉄道より南海貴志川線の運行を引き継ぎ営業開始。貴志駅は1933年に開業、2010年にリニューアル。和歌山駅から約35分

猫が微笑んだような表情の
ユニークな造りの貴志駅

猫デザインがかわいい「たま電車」(甘露寺前ー貴志駅間)

和歌山電鐵の鉄道むすめ「神前(こうざき)みーこ」。2021年3月からデザイン一新

車内も猫一色の「たま電車」

猫が駅長を務める駅がある和歌山電鐵貴志川線へ出かけた。

貴志川線の歴史は古く、沿線にある西国三社参り(日前宮《にちぜんぐう》、竈山《かまやま》神社、伊太祁《いたき》曽《そ》神社)の旅客輸送を目的に、1916年に山東《さんどう》軽便鉄道によって開業した。その後、南海電気鉄道貴志川線となり一時は廃止が検討されたが、2005年に設立した和歌山電鐵が引き継ぎ、2006年より新たに運行を始めた。

起点となる和歌山駅の9番ホームから「おかでんチャギントン」ラッピング電車に乗り、まずは日前宮駅で下

伊太祈曽駅前で日光浴中のスーパー駅長“よんたま”

うめ星電車

「おかでんチャギントン」ラッピング電車

車。日前《ひのくま》神宮と國懸《くにかかす》神宮の二つの神宮を持つ日前宮へ。木々に覆われた神聖な境内で心が清められた。

参拝を済ませ駅へ戻ると、和歌山県の特産の南高梅《なんこううめ》をモチーフにした「うめ星電車」がやって来た。貴志川線では、開業にあたって新しいイメージと熱意を示すため斬新《ざんしん》なデザインの車両を造り、今では5種が走っている。

竈山神社の最寄りの竈山駅を過ぎ、今度は伊太祁曽神社近くの伊太祈曽《いだきそ》駅で下車。木の神・五十猛命《いたけるのみこと》を祀り、穴をくぐると厄除けになるという「木の俣くぐり」と参拝を済ませて駅へ戻った。

貴志駅内にできた「たまカフェ」

アイスで猫を表現した
オレンジフロート(600円)

貴志駅構内。写真左の駅長室で“ニタマ”が迎えてくれる

貴志駅では各種オリジナルグッズを販売し、ニタマママスク(1320円)も評判

子どもにも大人にも人気の“ニタマ”

伊太祈曽駅前で、公休日だったスーパー駅長の〝よんたま〟(伊太祈曽駅長兼貴志駅長代行)が、たまたま日光浴をしていた。2017年に駅長見習いとして就任し、駅長を経て2019年にスーパー駅長(課長職)となった。

〝よんたま〟のあどけない表情に癒やされた後、今度は「たま電車」に乗る。車体や車内に、寝たり駆けたりするたま駅長が101匹もデザインされ、乗っているだけで楽しい。

◆猫駅長に迎えられて

貴志駅は、和歌山県産の木材を使った檜皮《ひわだ》葺《ぶ》き屋根の木造駅舎で、猫の顔をモチーフにデザインされている。駅長室では、2012年に和歌山電鐵へ着任し、2021年、ウルトラ駅長(執行役員)に昇格した〝ニタマ〟が招き入れてくれた。併設のカフェで買った猫顔のオレンジフロートを飲みながら、しばし顔を拝見させてもらった。

ところで、廃止寸前だった貴志川線の再生を託されたのは、当時ユニークな発想で公共交通再生に取り組んでいた両備グループ代表の小嶋光信さんである。貴志川線の存続活動をしていた「貴志川線の未来をつくる会」からの熱烈なアプローチ

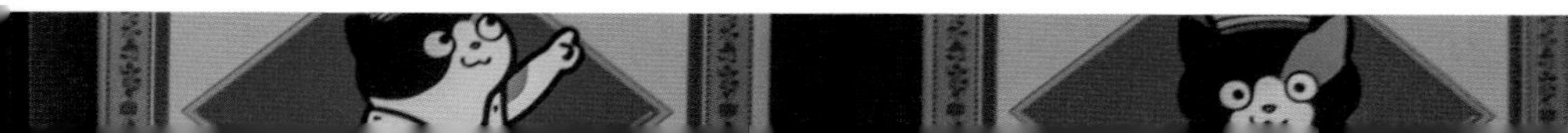

があり、運営会社設立の公募に地元の声におされるかたちで応募、引き受けたそうだ。

　掲げた目標は「日本一心豊かなローカル線になる」こと。最初に取り組んだのは、「知って、乗って、住んでもらう」戦略と、自身の著書の中で記している。奇抜《きばつ》なデザインの列車を走らせたのもそのためだ。

　そして運命の出会いが訪れる。小嶋さんは、和歌山電鐵開業当時、貴志駅脇の売店で飼われ、行き場を失いかけていた〝たま〟を社員に採用し、駅長に抜擢。〝客招き〟という仕事を与えた。それが話題となり、日本はもとより世界中の人が貴志駅を訪ねるようになった。

　業績が認められた〝たま〟は、スーパー駅長に昇格するとともに、昇給分の報酬として新しい貴志駅舎「たまミュージアム」が建てられた。

　窮地のローカル線を救った駅長の〝たま〟は、2015年に天国へと旅立ったが、現在は〝ニタマ〟と〝よんたま〟が後を継ぎ、客招きを続ける。

　猫駅長は「たま」を冠する世襲制で、ニタマが二世で、よんたまは4番目。3番目〝SUN《さん》たまたま〟は和歌山電鐵への転勤を辞退し、岡山電気軌道・おかでんミュージアム館の館長代理として頑張っているという。

　貴志駅から徒歩10分、高床式舞台造りの神楽《かぐら》殿がある大国主《おおくにぬし》神社へ参拝。その後、〝ニタマ〟駅長に別れを告げ、貴志駅周辺の特産品であるイチゴをモチーフにしたリニューアルデザイン列車第一弾「いちご電車」で和歌山駅へと戻った。

　乗って楽しいというのはもちろん、地方公共交通再生のため日々奮闘する小さな鉄道会社の駅員たちに、またいつの日か会いにいきたいと思った。

和歌山駅の9番ホームへ向かう階段もイラストで演出

貴志駅天井の梁にも猫発見!

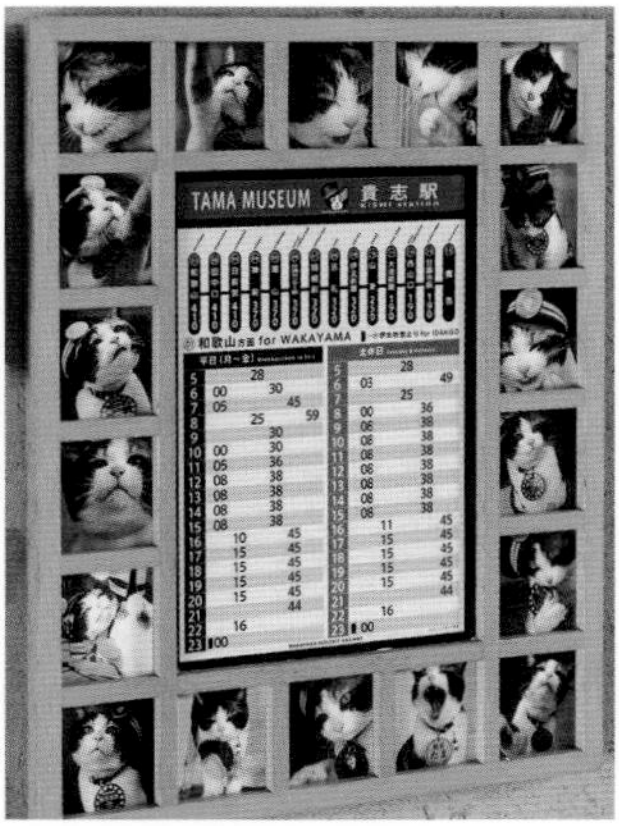

時刻表もかわいらしく装飾

浜小清水駅《はまこしみず》

釧網《せんもう》線　北海道小清水町

駅近くの展望台から見晴らす
オホーツク海と知床の山々

釧網線は1931年に全線開業。浜小清水駅は1925年に開業。網走駅から約30分

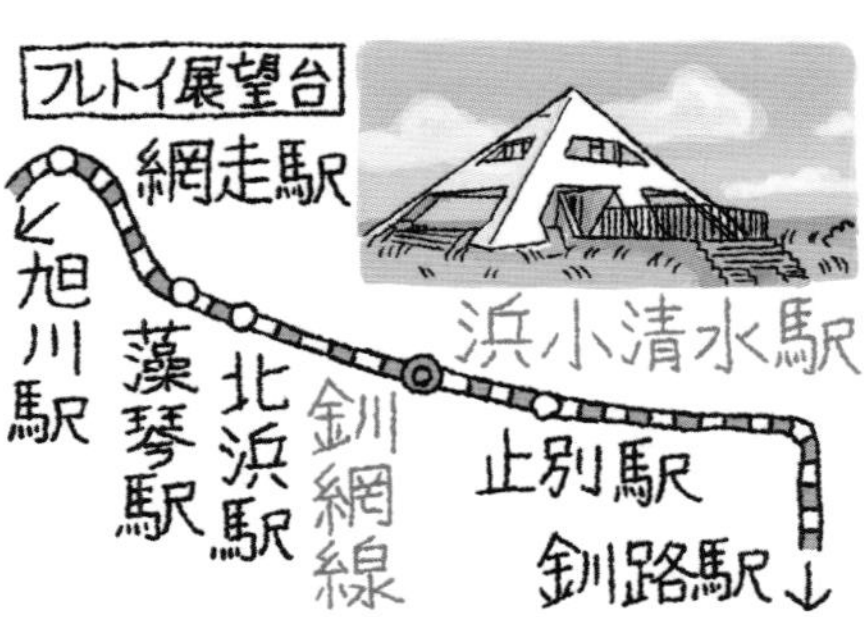

網走《あばしり》駅を出発し桂台《かつらだい》駅を出た釧網線の流氷物語号は、進行左手車窓にオホーツク海を見ながら進んでいく。

開業当時からの駅舎が残る藻琴《もこと》駅、北浜駅を過ぎ、初夏には美しい花が咲く小清水原生花園を走り抜けると、「道の駅はなやか小清

水」が直結する浜小清水駅に到着した。

流氷と知床《しれとこ》連山を望めるフレトイ展望台はここから5分ほど歩く。はやる気持ちで丘に上ったものの、流氷はあいにく沖合に離れていて、海岸線近くはところどころに浮かんでいる程度。それでも、雪化粧した海別《うなべつ》岳から続く蒼《あお》く冬枯れた知床半島が姿を現してくれた。

網走に戻る前、一つ先の止《やむ》別《べつ》駅の駅舎内にある「ラーメンきっさ　えきばしゃ」に寄り道。ラーメンで体を温めながら、次こそは流氷の向こうに広がる知床半島を見てみたいと思った。

志文駅《しぶん》

室蘭線《むろらん》 | 北海道岩見沢市

幾多の人々が歩いた跨線《こせん》橋の上に月が輝く

室蘭線は1928年に全線開業。志文駅は1902年に、北海道炭礦（たんこう）鉄道の貨物駅として開業。函館線岩見沢駅から約7分

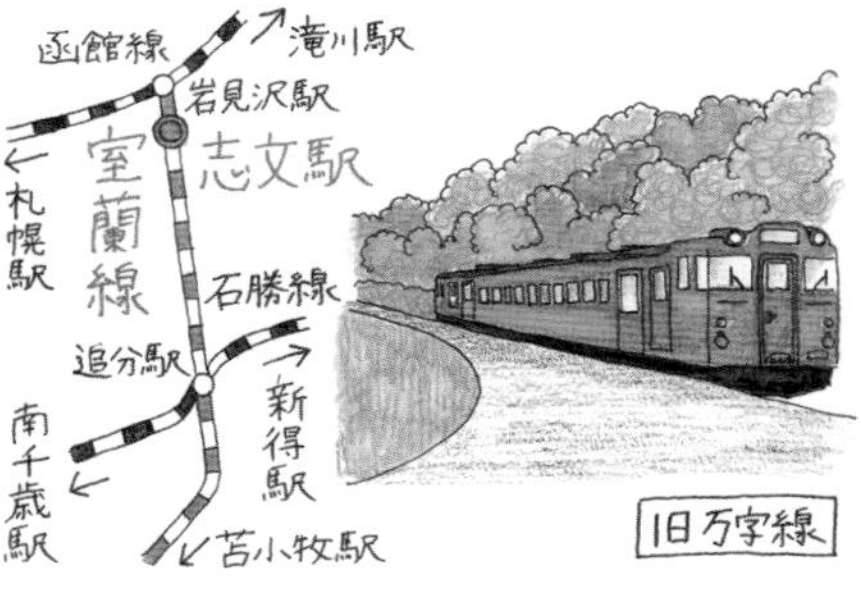

50年ほど前の最盛期には約4000キロもあった北海道の鉄道路線だが、現在は約2500キロに減った。消えた路線のいくつかは炭坑からの石炭輸送を目的として敷かれたもので、旧国鉄万字《まんじ》線もその一つだ。

岩見沢市の郊外、万字線

が分岐していた志文駅を訪ねた。万字線が走っていた時から使われている古い跨線橋と、かつての線路上に建てられた木造駅舎が、月が輝く空の下にそっと浮かび上がっていた。

旧万字線の沿線には、万字線鉄道公園として整備された旧朝日駅のほか、各駅の跡地に碑が立っている。旧美流渡《みると》駅の近くには万字線鉄道資料館があり、往時の様子が分かる（見学は要事前予約、☎0126・23・4111、岩見沢市企画室）。

時空を超えて、栄華を極めた北海道の鉄道の輝きが見えたように思えた。

美瑛《びえい》駅

富良野《ふらの》線 | 北海道美瑛町

音なき雪の駅前を照らす「願い叶《かな》う木」

富良野線は1900年に全線開業。美瑛駅は1899年に開業。旭川駅から約35分

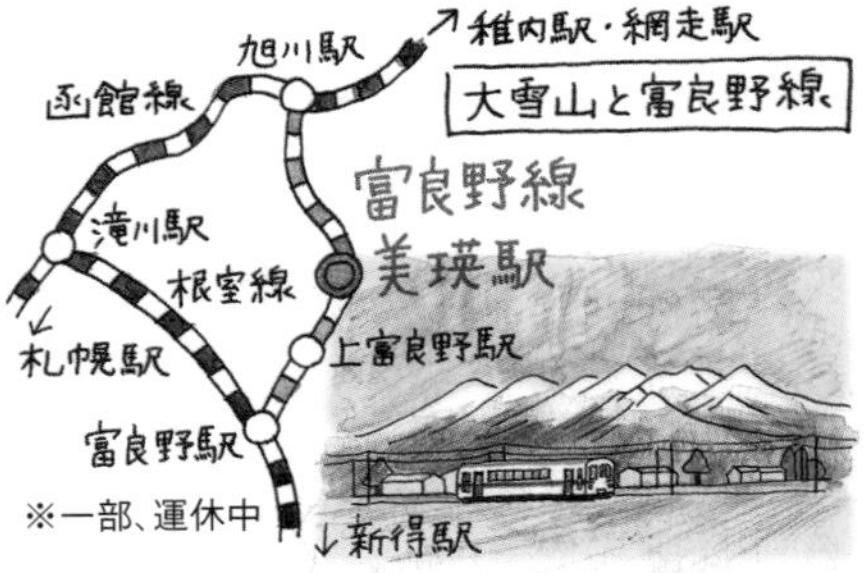

氷点下20度を下回る日も少なくない冬の美瑛町は、旭川駅から富良野線で35分ほどの丘陵の町だ。

私がこの町を毎冬のように訪れるようになって、かれこれ10年になる。雪景色はもちろんだが、たびたび出現するダイヤモンドダストが

創り出す美しい光景に出会うためだ。

町のシンボルになっている駅舎にはこの地で広く建材として用いられた美瑛軟石が使われ、シラカバの白い幹と調和する。駅前には三角屋根のデザインで統一された街並みが続き、雪が降り積もった街は〝おとぎの国〟のようだ。

夜の帳《とばり》が降り、しばれる駅前で「願い叶う木」と呼ばれるイルミネーションが輝きを放っていた。

「明日、いい瞬間に巡り会えますように」。そう心の中で願いながら、今宵の宿へと向かった。

※しばれる＝北海道の方言で「ひどく寒い」こと

柏《はく》農《のう》高《こう》校《こう》前《まえ》駅

弘南《こうなん》鉄道弘南線 | 青森県平川市

岩木山と津軽の水田地帯の展望
住民らが塗装した温もり駅

弘南鉄道弘南線は1950年に全線開業し、柏農高校前駅は1980年に開業。弘前駅から約20分

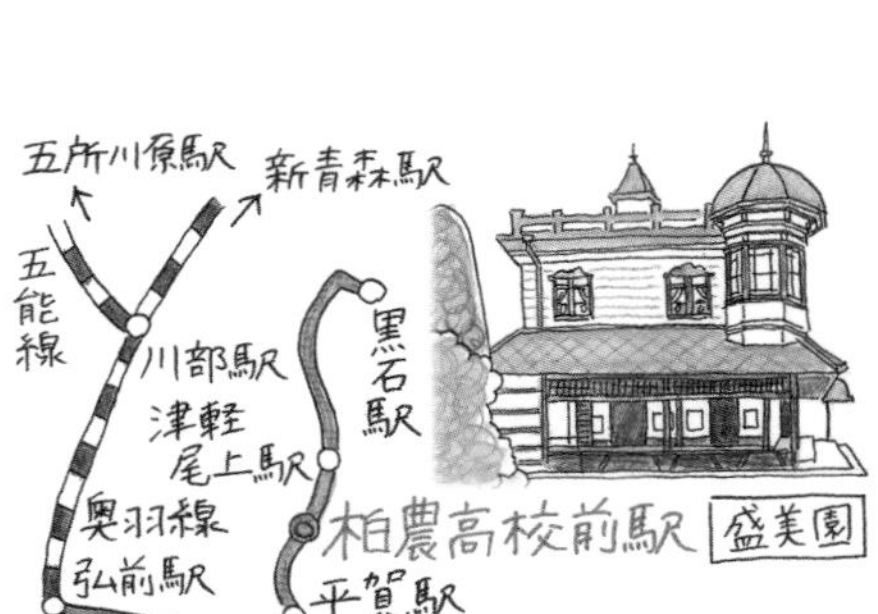

弘南鉄道弘南線は、岩木山を望む津軽平野南部の弘前《ひろさき》市、平川市、黒石市を囲むように結んで走る。

弘前駅を出て岩木山を背にしていた列車は、平賀《ひらか》駅へさしかかると北へ大きく進路を変える。平賀駅を出て車窓左手の岩木山を眺

めていると、広大な田園の中にポツンとたたずむ柏農高校前駅に着いた。

この駅は、１９８０年、柏《かしわ》木《ぎ》農業高等学校が平川市平賀地区からこの地に移転してきたことに合わせ開業した。赤色が印象的な駅舎は、改装の際、地元建築家の設計を基に、同校の生徒や地元住民らが自ら塗装を施している。

隣の津軽尾上《おのえ》駅近くの盛《せい》美《び》園《えん》では、地元の農家で資産家の清藤盛美《せいとうもりよし》が庭師を招いて造らせた、美しい日本庭園が見られる。豊穣な農地が広がるこの地の風土の一端を垣間見た気がした。

驫《とどろ》木《き》駅

五能《ごのう》線 | 青森県深浦《ふかうら》町

日本海の波音が響き渡る五能線の難読・秘境駅

五能線は1936年に全線開業。驫木駅は1934年に開業。奥羽線東能代駅から約2時間20分

日本海を望む列車が恋しくなり、秋田と青森の沿岸を走る五能線に乗った。

東能代駅を出た列車はしばらく田園地帯を進み、やがて左に大海原が見えてきた。右には世界遺産の白神の森。雄大でぜいたくな景色が車窓に広がる。

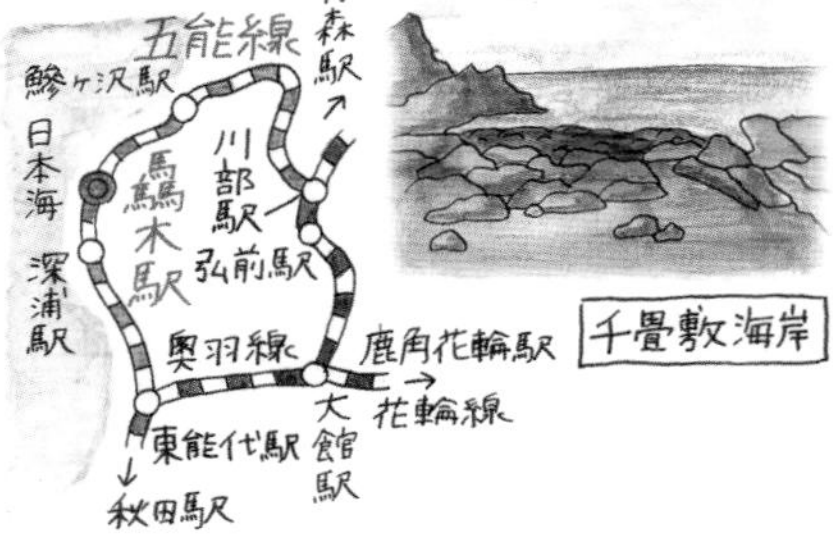

列車は、海が間近に迫る驫木駅に着いた。木造の小さな駅舎のほかに周囲には何もない。時おり聞こえるトビの声と打ち寄せる波の音だけが響き渡る。「驫木」の由来は、一説によると、この地を訪れた花山《かざん》天皇の従者の馬3頭が波音に驚き暴れ出したことによるとか。

この駅に停《と》まるのは、下りが6本、上りが5本の普通列車のみ。下車してしまうとかなり不便な秘境駅だが、訪れる価値は十分にある。

五能線を北上すると車窓には白波立つ千畳敷海岸が広がり、旅愁はますます深まっていく。

兄畑《あにはた》駅

花輪《はなわ》線 | 岩手県八幡平《はちまんたい》市

八幡平山麓の小駅で出合った名もなき桜並木

花輪線は1931年に全線開業し、兄畑駅は同年開業。東北新幹線盛岡駅から約1時間45分

山あいの静かな温泉につかろうと、北東北の玄関口である盛岡駅から花輪線に乗り込んだ。愛称は「十和田八幡平四季彩ライン」。四季折々の美しい風景が魅力的な路線だ。岩手山、八幡平、安比《あっぴ》高原などの雄大な景色を眺めながら、列車は谷間へと進んでいく。小さな駅を彩る桜並木が目に留まり、ふと降り立った。

下車した兄畑駅は、黒い板塀に三角屋根の小さくてかわいらしい駅舎だった。駅前からは県境を成す高畑山を望む。駅舎の背後に連なる桜並木はかつてのホーム跡へと続く。駅前ではヒメオドリコソウが紫色の花を咲かせ、まさに春爛漫の様相だ。

思いがけず出合った小さなローカル駅で東北の遅い春を満喫し、隣の湯瀬《ゆぜ》温泉駅を目指して兄畑駅をあとにした。

兄畑駅
Anihata Station

東《ひがし》長《なが》沢《さわ》駅

陸羽東《りくうとう》線 | 山形県舟形《ふながた》町

「何もないけど、あったかい」霧が立つ朝焼けのひと時

陸羽東線は1917年に全線開業。東長沢駅は1959年に開業。山形新幹線新庄駅から約15分

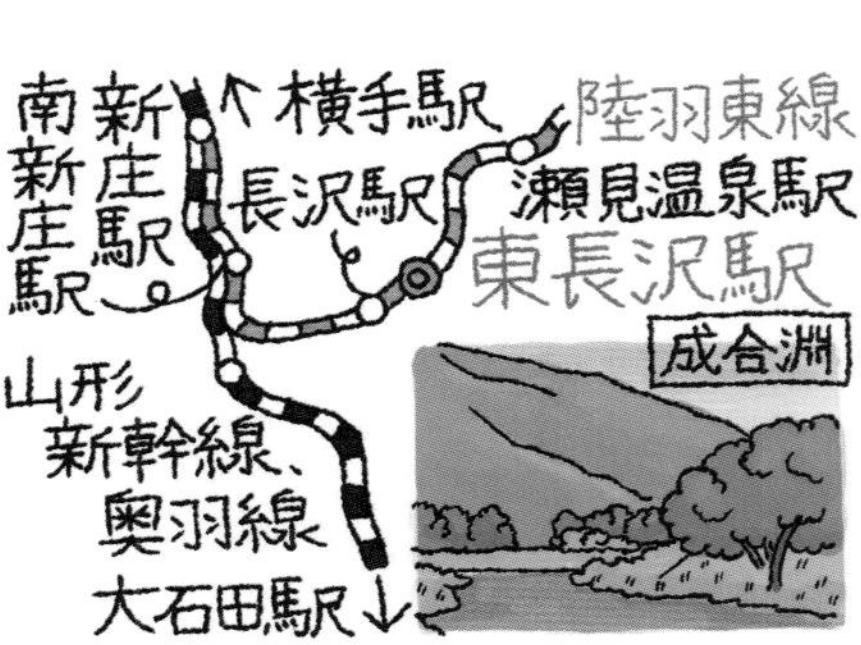

新庄駅を発ち、南新庄駅で奥羽線と別れた陸羽東線は、最上川の支流の一つである小国《おぐに》川に沿って山間へと進んでいく。長沢駅を過ぎ、大きく蛇行する小国川に架かる鉄橋を渡ると、列車は周囲を田んぼと山に囲まれた東長沢駅に到着する。

　JR東日本のCMの舞台にもなった駅で、待合室だけの駅舎がホーム上に立っている。中は地元の有志によってきれいに整備され、ベンチには手作りらしき座布団が敷かれていた。秋になると、一帯に小国川から霧が立ち上り、朝焼けと相まって幻想的な光景を見せてくれる。

「何もないけど、あったかい」というフレーズでCMに登場するこの駅だが、そこには美しい景色があり、人々の温かい心が通い合っていた。

　再び列車に乗り、先へ。車窓から見えた〝成合淵《なりあいぶち》〟と呼ばれる小国川の流れがキラキラと輝いて見えた。

北一已《きたいちやん》駅

留萌《るもい》線

北海道深川《ふかがわ》市

真綿のようなソバの花に囲まれた北の大地のローカル駅

留萌線は1921年に全線開業、北一已駅は1955年開業。函館線深川駅から約5分

空知《そらち》地方最北の深川と日本海沿いの港町・増毛《ましけ》を結ぶ留萌線を巡った。

深川から一つ目、ソバ畑が駅前一面に広がる北一已駅へ。周囲は数軒の民家以外に視界を遮《さえぎ》るものはなく、ソバの花に彩られた大地が続く。8月上旬〜下旬、白い花の海にポッカリと駅舎が浮かぶ景色は〃おとぎの国〃を見ているようだ。

石狩平野を抜け、恵比島《えびしま》峠を越えるといよいよ日本海へ。瀬越《せごし》駅から先、列車は雄大な日本海を右に眺めながら進む。わずか66キロの間に田園、山、海と多彩で雄大な風景が楽しめる路線は全国でも珍しい。

しかし、残念ながら海沿いの留萌—増毛駅間は、2016年に廃止された。その他の区間も廃止が危ぶまれている。

広大な空知の大地を、列車がいつまでも走り続けることを願って止まない。

阿仁《あに》マタギ駅

秋田内陸縦貫鉄道

秋田県北秋田市

マタギ文化を受け継ぐ 山峡にたたずむ小さな駅

角館《かくのだて》―松葉駅間の角館線と鷹ノ巣（現在は鷹巣）―比立内《ひたちない》駅間の阿仁合《あにあい》線の2路線を結ぶ形で、秋田内陸縦貫鉄道（愛称「スマイルレール秋田内陸線」）は誕生した。十二段トンネルで貫かれる峠を挟み、阿仁川と桧《ひの》木内《きない》川の谷筋を走る。

松葉駅を過ぎると、車窓に色付いた山肌が迫り、やがて十二段トンネルへと入る。長いトンネルの頂を通過するわずかな時間、両側の入り口の光が同時に見え、しばらくすると阿仁マタギ駅に到着した。

谷間の田んぼの中で、クリーム地に赤いラインの入った小さな駅舎がホームに寄り添う。近くの「マタギ資料館」でマタギ文化に触れ、「くまくま園」で本物のクマと会い、「マタギの湯」で温泉につかり駅へ戻る。

深い山間に残る豊かな自然と文化に、心が洗われる思いがした。

秋田内陸縦貫鉄道として1989年に全線開業。阿仁マタギ駅も同年に開業。角館駅から約1時間

小波渡《こばと》駅

羽越《うえつ》線

山形県鶴岡市

駅も、列車も、人も、日本海の夕日に照らされて

鶴岡駅から羽越線の普通列車で、新潟駅を目指す旅に出た。この区間では、笹川流れや塩俵岩《しおだわらいわ》に代表される日本海の美しい景色を車窓から楽しめる。

しばらくは田園地帯を走り、最初に海が見えた小波渡駅で下車した。えんじ色の洋瓦にとんがり屋根がシンボルの駅舎は、待合室から日本海が眺められるように大きな窓が設けられた造りで、旅人にはありがたい。

「御水屋《おみじゃ》」と呼ばれる、この地を拓《ひら》くきっかけとなった湧き水の脇を通って道を下って歩くと、眼前に大海原が広がった。

海岸線が美しい小波渡海水浴場でしばし海を眺めてから駅へと戻ると、オレンジ色に染まった日本海の夕焼けが駅舎の窓ガラスに映り込んでいた。

郷愁を誘う景色を瞼《まぶた》に焼きつけ、赤く染まる海を望む小さな駅を後にした。

羽越線は1924年に全線開業。小波渡駅は1950年開業。鶴岡駅から約20分

高屋《たかや》駅

陸羽西線《りくうさい》

山形県戸沢村

最《も》上《がみ》川の趣ある風景 〝縁結び〟ステーション

かれこれ30年ほど前、陸羽東《とう》線・陸羽西線で東北を横断する旅をした。

2路線が接続する新庄駅で乗り換え、日本三大急流の一つ、最上川に沿って走る陸羽西線へ。途中、沿線で唯一最上川を望む高屋駅に降り立った。

時を経て、再び訪ねたこの駅。駅舎は今風の小さなものに建て替わっていたが、最上川を望む風景は昔のままだった。雨上がりだったこともあり、切り立った谷に霧がかかり、色付く周囲の木々と相まって、趣深い景色を見せてくれた。

最上峡の舟下りの出発地でもあり、駅前には乗船受付場と「縁結びステーション」の看板がある。この名は、船でしか行けない対岸の「仙人堂」で売っている「縁結び切符」にちなむという。

再びこの駅を訪れたのも、何かの〝縁〟だったのかもしれない。

陸羽西線の愛称は「奥の細道最上川ライン」。1914年に全線開業。高屋駅は1952年開業。山形新幹線新庄駅から約30分

石巻《いしのまき》駅

石巻線・仙石《せんせき》線

宮城県石巻市

震災後も変わらない キャラクターたちに迎えられ

石巻駅には小牛田《こごた》駅から女川《おながわ》駅までを結ぶ石巻線と、仙台中心部と石巻駅を結ぶ仙石線の2路線が乗り入れている。

別の鉄道会社が開業させたため駅舎は別々だったが、国鉄分割民営化後の1990年に石巻線の駅舎に統合し、今の形に改築された。

駅近くの旧北上川の中州には、旧石森《いしのもり》町の出身で、『サイボーグ009』などの作品で知られる漫画家・石ノ森章太郎の映像作品などを展示する石ノ森萬画館がある。それにちなみ駅舎は、正面のステンドグラスや壁面に登場キャラクターたちをあしらったデザインに2003年に改装された。

この撮影をした翌年に発生した東日本大震災では、津波によって駅舎も浸水したが、幸い震災前の姿を留めているそうだ。楽しげなキャラクターたちの顔を見に、再び石巻へ出かけたいと思う。

石巻線は1939年に全線開業。仙石線は宮城電気鉄道が前身で、1928年に全線開業。石巻駅は1912年に開業。東北新幹線仙台駅から約1時間

会津中川駅《あいづなかがわ》

只見線《ただみ》

福島県金山町《かねやま》

人影まばらな山里で紅葉に包まれぽつり立つ

車窓に只見川を望む只見線は全国的にも人気の高いローカル線で、鉄橋を渡る列車をカメラに収めようとする観光客も少なくない。

会津盆地を抜け会津桧《ひ》原《はら》駅を出た列車は、赤や黄色に色付いた峡谷を望む只見川第一橋梁《きょうりょう》を渡る。この先、只見川に沿って山間へ分け入っていく。

第四橋梁を渡ってすぐの会津中川駅で下車。薄いクリーム色の壁に緑屋根の駅舎が、紅葉した木々に囲まれて映える。しばらく列車の来ないホームには時折、観光客が訪れるくらいで、のどかな時間が流れていた。

駅から徒歩3分の道の駅奥会津かねやまで、名物の「アサギ大根高遠そば」を味わい、色鮮やかな只見川に見入った。

只見線は、2011年の豪雨災害により、今も会津川口駅から西へは代行バスの利用となる。鉄路の1日も早い復旧を願って止まない。

只見線は1971年に全線開業。会津中川駅は1956年に開業。磐越西線会津若松駅から約2時間

〝百年駅舎〟に魅せられて

日本初の鉄道が開業し２０２２年で１５０年。年々、快適性の向上やスピード化が進む中、開業から１００年以上の歴史を重ねてなお面影を留める駅がある。

路線名が変わり、改修を重ねても、素朴な温もりは変わらず優しく旅人を迎えてくれる。そんな〝百年駅舎〟を訪ねる旅へ。

嘉例川《かれいがわ》駅（鹿児島／肥薩線）　**1903年開業**

1903年に鹿児島線の駅として開業した時からある駅舎。鹿児島県内で最も古く、往時の雰囲気を色濃く残す。2006年に駅本屋《ほんおく》が国の登録有形文化財に登録。

波久礼《はぐれ》駅（埼玉／秩父鉄道）　**1903年開業**

秩父鉄道の前身・上武《じょうぶ》鉄道が熊谷―寄居駅間で1901年に開業後、1903年の延伸開業時にできたと思われる駅舎。下見板張りの壁が特徴の木造平屋建て。

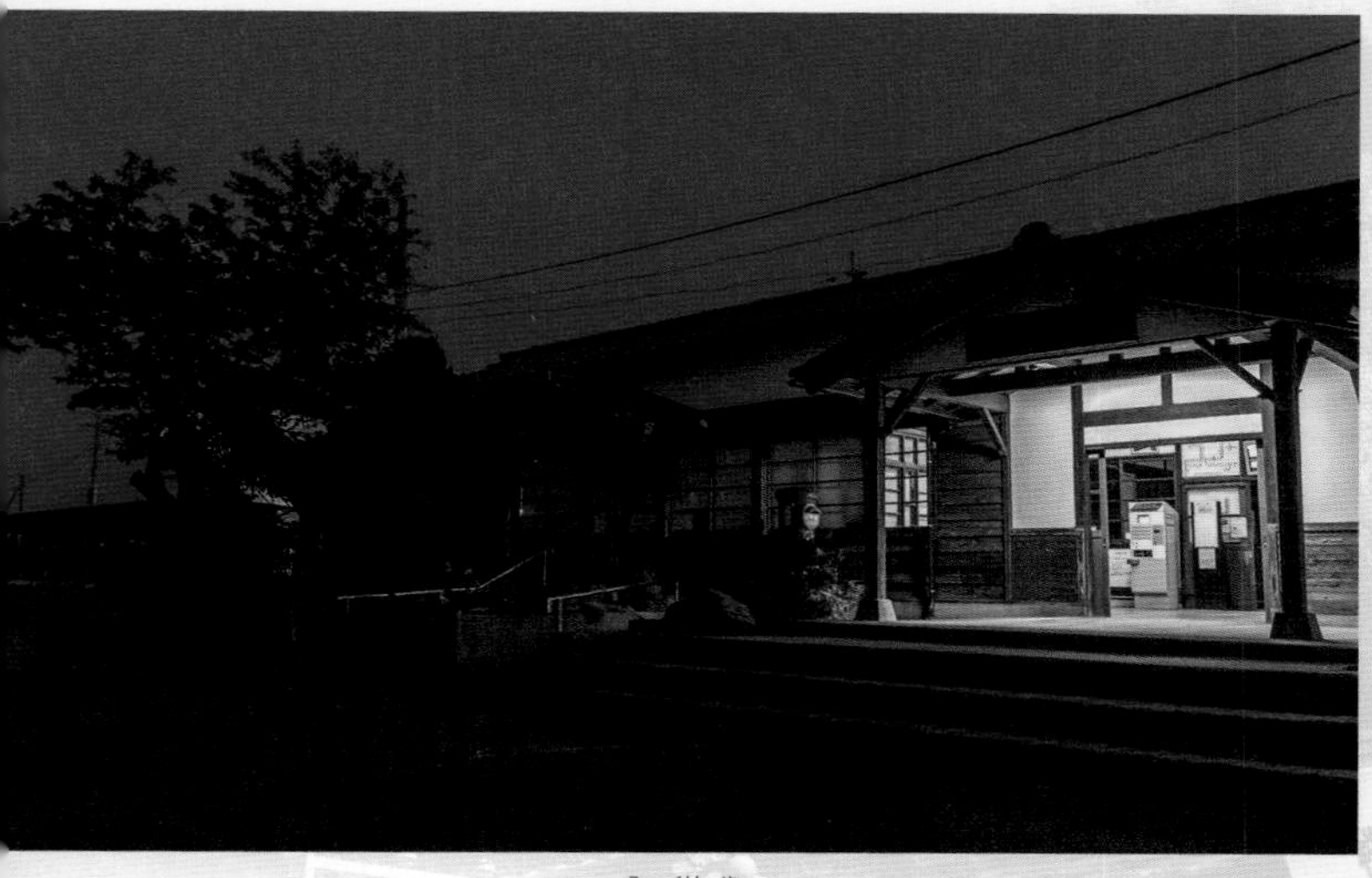

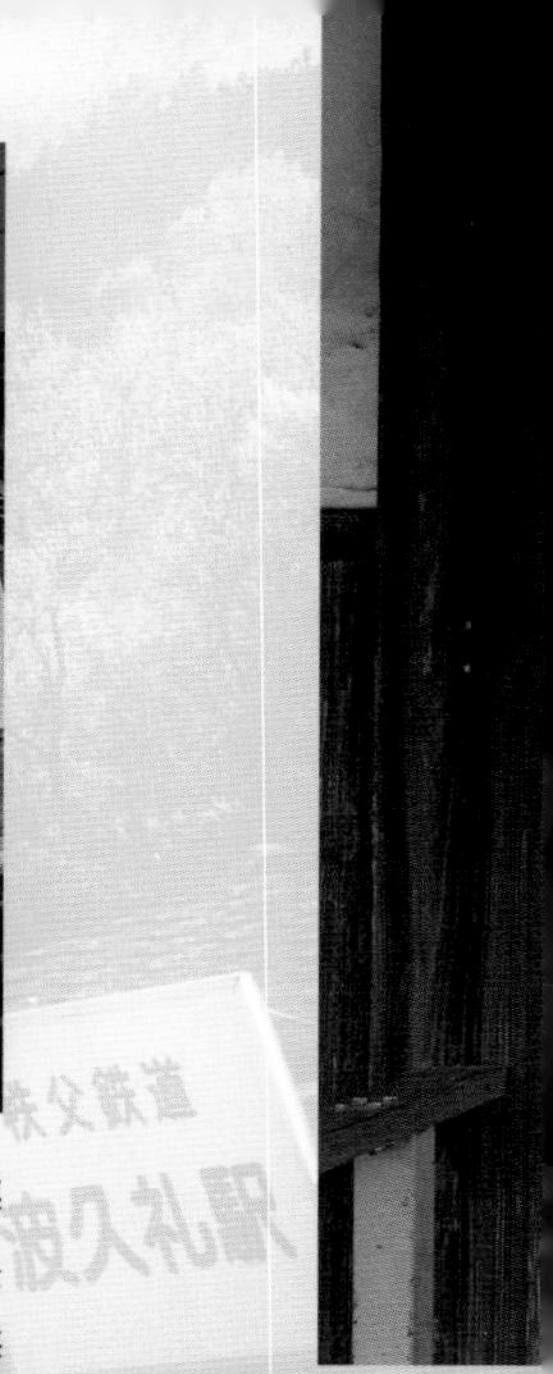

御来屋駅《みくりや》（鳥取／山陰線）　1902年開業

山陰地方最古の駅舎。2002年に山陰鉄道発祥100周年を記念し、昔の造りを残しながら改修された。2016年に国の登録有形文化財に登録。

白河駅《しらかわ》（福島／東北線）　1887年開業

1921年に建てられた二代目の駅舎。建物正面にステンドグラスの装飾が施され、当時流行したハーフティンバー調の外観に大正ロマンの薫りが漂う。

美《み》濃《の》赤坂《あかさか》駅（岐阜／東海道線）

1919年開業

東海道線美濃赤坂支線の終着駅として、1919年の路線開業と同時にできた。屋根は吹き替えられたが、下見板張りの外壁やひさしを支える木柱などに面影が残る。

岡田《おかだ》駅（愛媛／伊予鉄道）　**1910年開業**

南予《なんよ》鉄道が伊予鉄道へ合併後の1910年に完成。せり出した寄棟造りの屋根と、漆喰《しっくい》に下見板張りを組み合わせた外壁が印象的だ。待合室の竿縁《さおぶち》天井のデザインもユニーク。

日光《にっこう》駅（栃木／日光線）　**1890年開業**

旧日本鉄道から国有化された後の1912年に建てられたハーフティンバー様式の木造洋風建築。土台に宇都宮産の大谷石が使われ、車寄せのひさし天井に「鳴龍」が描かれている。

神戸《ごうど》駅（群馬／わたらせ渓谷鐵道）　1912年開業

旧足尾鉄道の開業の翌年にでき、改修を重ね今の姿に。わたらせ渓谷鐵道移管時に「神土《ごうど》」から「神戸」へ改名。2009年、プラットホームとともに国の登録有形文化財に。

西大塚《にしおおつか》駅（山形／山形鉄道）　1914年開業

沿線で唯一残る、旧長井軽便線開業当時の駅舎で、国鉄時代を経て現在へ。切妻屋根平入り造りの駅本屋《ほんおく》とプラットホームは、2015年に国の登録有形文化財に登録された。

網田《おうだ》駅（熊本／三角《みすみ》線）　1899年開業

1899年開業の旧九州鉄道の駅として開業した当時の駅舎が現存。国鉄、JRを経て、現在、駅舎は宇土《うと》市が管理する。寄棟造りの駅本屋《ほんおく》は、2014年に国の登録有形文化財に登録。

北浦湖畔駅《きたうらこはん》

鹿島臨海《かしまりんかい》鉄道大洗鹿島線 | 茨城県鉾田《ほこた》市

日没後の幻想的なひと時空に浮かぶような無人駅

1985年に全線開業し、同年に北浦湖畔駅も開業。水戸駅から約45分

鹿島臨海鉄道は、1970年に鹿嶋港へ貨物輸送を行う鹿島臨港線を運行したのが始まり。その後、1985年に日本鉄道建設公団が建設していた北鹿島線を引き継ぎ、大洗鹿島線として旅客運行も始めた。そのため、〝臨海鉄道〟とはいうものの、

大洗鹿島線からは海を見ることはほとんどできない。

だが高架線も多い水戸―北浦湖畔駅間の車窓から見える景色は抜群だ。その一つが東水戸―大洗駅間で、列車が一面に広がる田んぼの中を進んでいくのは爽快だ。涸沼《ひぬま》駅の手前で涸沼を望み、新鉾田駅を過ぎると、今度は西日に輝く北浦の水面が視界に広がった。

ホームから北浦を望める北浦湖畔駅で下車。湖畔を散策し夕日を眺め駅へ戻ると、辺りが青い光に照らされるブルーモーメントの空に、北浦と駅舎が浮かび上がって見えた。

岩舟駅《いわふね》

両毛線《りょうもう》 | 栃木県栃木市

田園に浮かぶ船に例えた山塊を背に静かにたたずむ

両毛線は１８８９年に両毛鉄道として全線開業。岩舟駅も岩船駅として同年開業、１９０２年に改称。東北新幹線小山駅から約20分

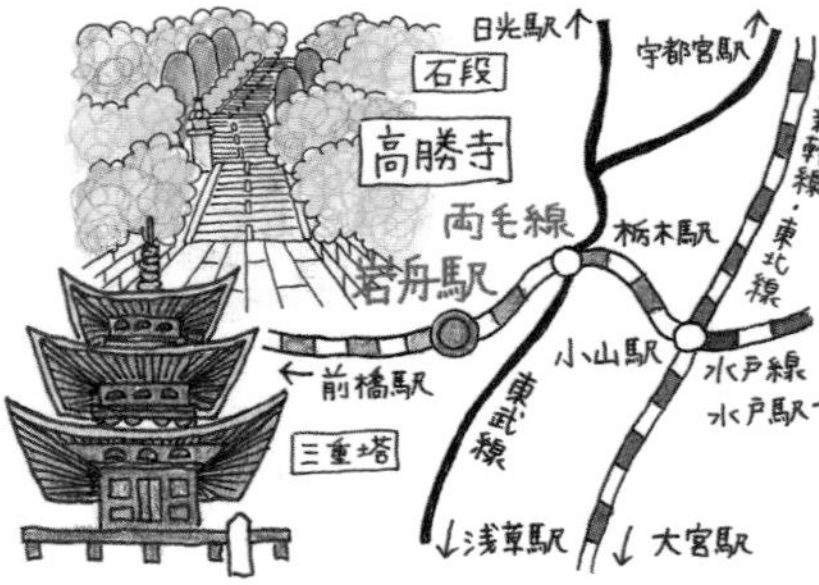

小山駅から両毛線で西へ。蔵の街・栃木の玄関口である栃木駅を過ぎると、黄金色に染まった田んぼの先に岩肌が露出した奇怪な山が見えてきた。その山の麓《ふもと》にある岩舟駅で下車する。

駅舎の土台として使われているのは、山から採れた岩

舟石だろうか。かつてはこの駅から貨物輸送も行われ、砕石跡地が奇怪な山容をなしている。

駅前の道を少し進み、汗をぬぐいながら約600段の石段を登り切ると高勝寺《こうしょうじ》の三重塔が見えてきた。岩船地蔵として名を馳《は》せる古刹で、〝関東の高野山〟とも呼ばれている。境内からは関東平野を一望し、空気の澄んだ晴天時には富士山も拝めるという。

駅へ戻る途中、一面に広がる水田越しに岩船山を眺め涼んでいると、初秋の風に流れる綿雲が青空の中を渡っていった。

武州日野駅《ぶしゅうひの》

秩父《ちちぶ》鉄道 | 埼玉県秩父市

SLの汽笛が空気を揺らし シダレザクラの枝もそよぐ

秩父鉄道は1930年に全線開業。武州日野駅も同年開業。羽生駅から約1時間45分、熊谷駅から約1時間20分

沿線の春の花を愛《め》でようと秩父鉄道の始発羽生《はにゅう》駅へ。3両編成の列車は、温かな日差しを浴びる田園地帯を走る。大麻生《おおあそう》駅手前の桜並木を抜け、美しい荒川の流れを車窓に望むと、沿線随一の絶景ポイントである荒川橋梁を渡っていく。秩父の

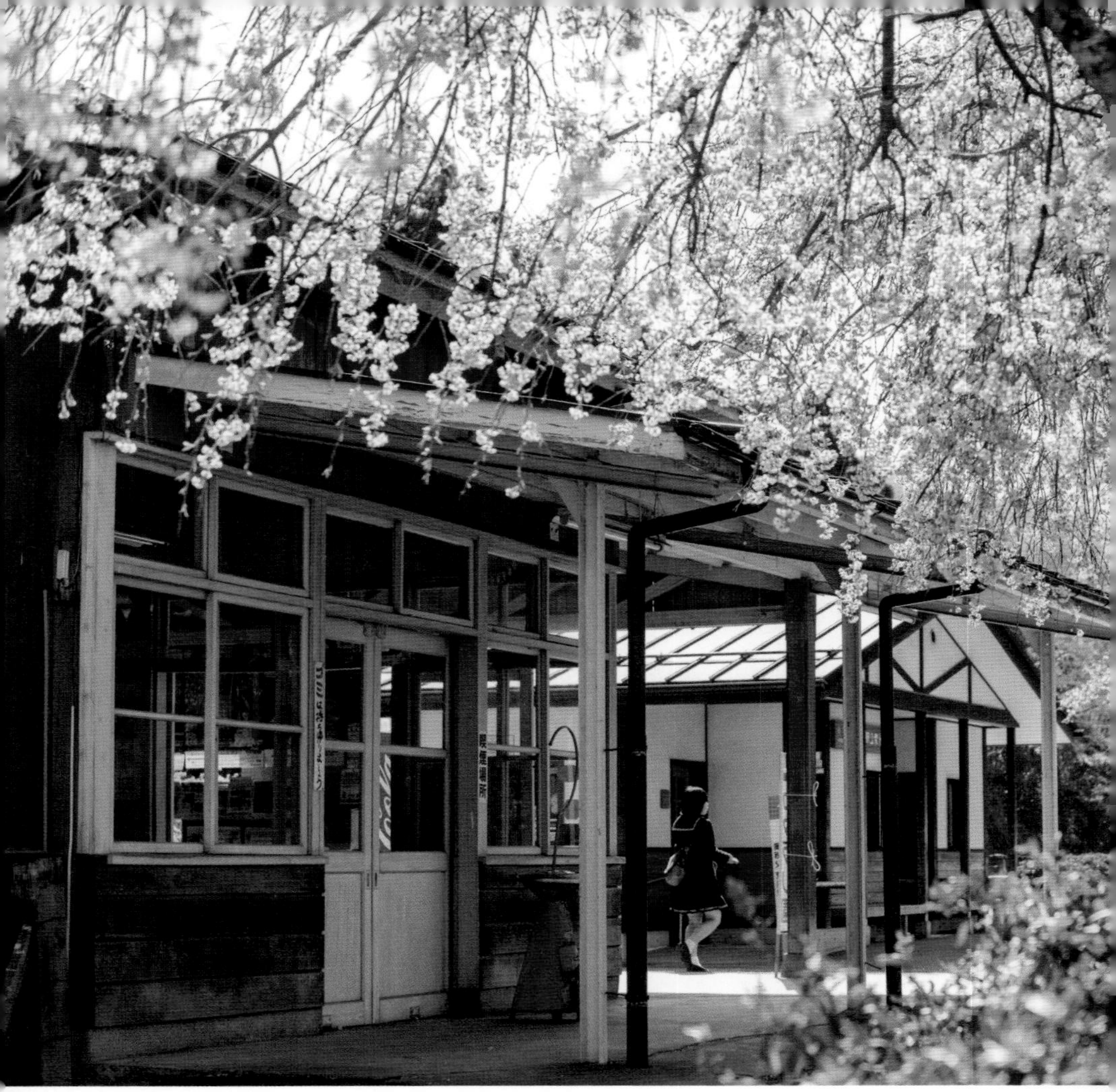

市街地を抜けると終点の三峰口駅に着いた。
折り返し列車で、桜が印象的だった武州日野駅へ。木造の古い駅舎にはレトロな改札口があり、駅員さんが温かく迎えてくれた。4月上旬に大きなシダレザクラが満開を迎え、線路脇のレンギョウとともに彩りを添える。近くの弟富士《おとふじ》山の山麓にあるカタクリ群生地では、紫色のかれんな花が春の訪れを告げていた。
秩父鉄道にはSLパレオエクスプレスも走り、鉄道ファンに人気だ。荒川の谷間に響く汽笛が、どこか懐かしく胸に響く。

※SLパレオエクスプレスは2021年度は12月5日までの土・日曜、休日を中心に運行。武州日野駅には停車しない

高《たか》滝《たき》駅

小湊鐵道《こみなと》　｜　千葉県市原市

走り行くディーゼル車が満開の菜の花を揺らす

小湊鐵道は1928年に全線開業。高滝駅は1925年に開業。五井駅から約45分

ひと足早い春を探しに、房総半島を横断する列車旅に出かけた。

内房線から乗り換える小湊鐵道五井《ごい》駅のホームでは、昔懐かしいキハ200形ディーゼル車が出発を待っていた。駅構内には機関庫や鍛冶《かじ》小屋も昔のままの姿で

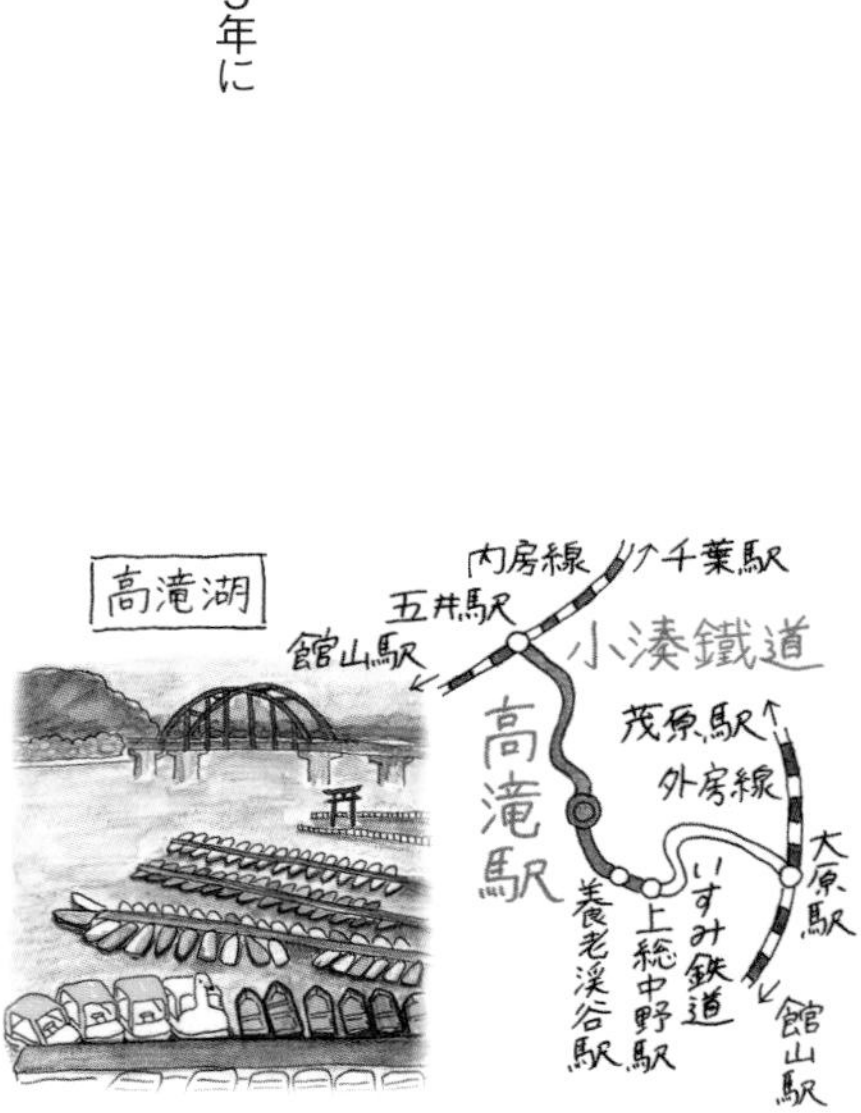

残っている。やがて出発した列車は田園地帯を抜け、高滝湖の近く、菜の花が咲き誇る高滝駅に着いた。

古い木造駅舎は1925年開業時のもの。寄棟《よせむね》造りの屋根に下見板張りの壁を設え、往時から残る改札口やベンチと相まってレトロな雰囲気を醸《かも》している。この駅舎をはじめ、五井駅の機関庫や鍛冶小屋など小湊鐵道沿線の22施設が、国の登録有形文化財に登録されている。

付近に住み着いているという猫としばし戯《たわむ》れていると、春色のホームに次の列車が近付いてきた。

根府川《ねぶかわ》駅

東海道《とうかいどう》線 ｜ 神奈川県小田原市

水平線から昇る朝日が海も駅舎もオレンジ色に染める

東海道線は1889年に全線開業。根府川駅は1922年に開業。東海道新幹線小田原駅から約7分

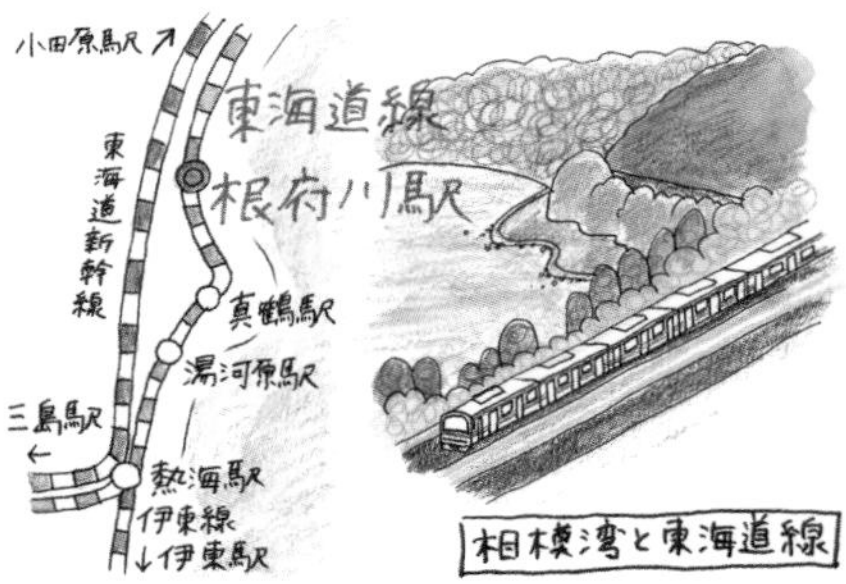

相模湾と東海道線

熱海温泉からの帰りに、朝日を見たくて始発列車で根府川駅へ向かった。「関東の駅百選」に認定された駅は海を望む斜面の中腹にあり、日の出を目当てに訪れる人も多い。

まだ薄暗いホームに降り立ち駅前へ。跨線橋《こせんきょう》脇にあ

る木造駅舎は、関東大震災の土石流災害の翌年、1924年に建てられたものだ。現在は無人駅だが、1973年に当時の駅職員によって設置された「関東大震災殉難碑」が残る。

やがて辺りは明るくなり、昇る朝日が駅舎を染めていく。改札口の先に広がるオレンジ色の大海原は、絶景と呼ぶにふさわしい。

ミカン畑が広がる斜面を下り米神《こめかみ》漁港へ。町の一角にある豆相人車《ずそうじんしゃ》鉄道米神駅跡のプレートが、この地の歴史を物語る。漁港にたたずみ海を眺めていると、心地良い海風が春を告げていった。

※豆相人車鉄道は、1895年に熱海ー吉浜駅間で営業を開始した、人間が客車を押すという鉄道(翌年に小田原駅まで開通)。1908年に蒸気機関車牽引の軽便鉄道(熱海鉄道)となった

頸《くび》城《き》大《おお》野《の》駅

大糸《おおいと》線 ｜ 新潟県糸魚川《いといがわ》市

涼風が吹き渡る田園風景 ディーゼル車を迎える木造駅

大糸線は1957年に全線開業し、南小谷駅より南はJR東日本、北はJR西日本の営業区間。頸城大野駅は1934年に開業。篠ノ井線松本駅から約2時45分

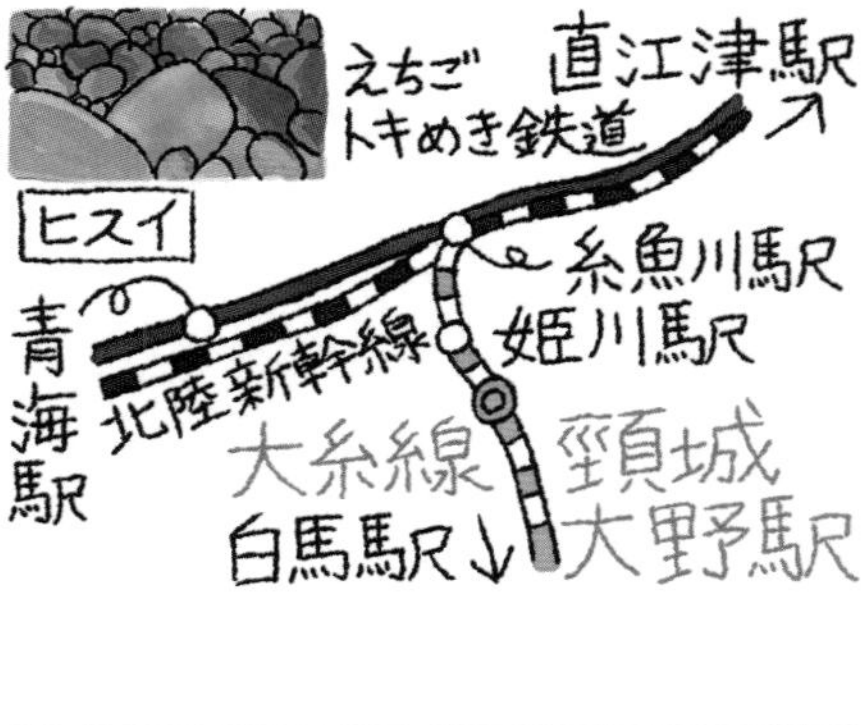

北アルプスの麓《ふもと》を流れる姫川は、長野県大町市の親《お》海《み》湿原に端を発し、松川などの支流と合流し日本海へ注ぐ。氾濫《はんらん》を繰り返すことから暴れ川として知られるが、その流れは糸魚川の海岸に「ヒスイ」の恵みをもたらしている。大糸線はそんな姫川

沿いをゆく。

松本駅を出た列車は、しばらく安曇野《あづみの》ののどかな田園地帯を走る。やがて左側車窓に仁科《にしな》三湖が見え、白馬連峰を望む松川橋梁《きょうりょう》を渡るといよいよ姫川に沿って一気に山を下っていく。

南小谷《みなみおたり》駅で乗り換えた1両編成のディーゼル車はさらに深い谷間へ。やがて視界が開け、再び田園地帯へ入ると頸城大野駅に到着した。

少し離れた所からパステル調の木造駅舎をぼんやり眺めていると、すがすがしい風が吹き渡っていった。初夏の田園風景がひときわ穏やかに見えた。

青《お》海《うみ》川《がわ》駅

信越《しんえつ》線　新潟県柏崎市

海辺の小さな駅舎を夏の夕日が照らし出す

信越線は1904年に全線開業。青海川駅は1899年に開業。直江津駅から約35分

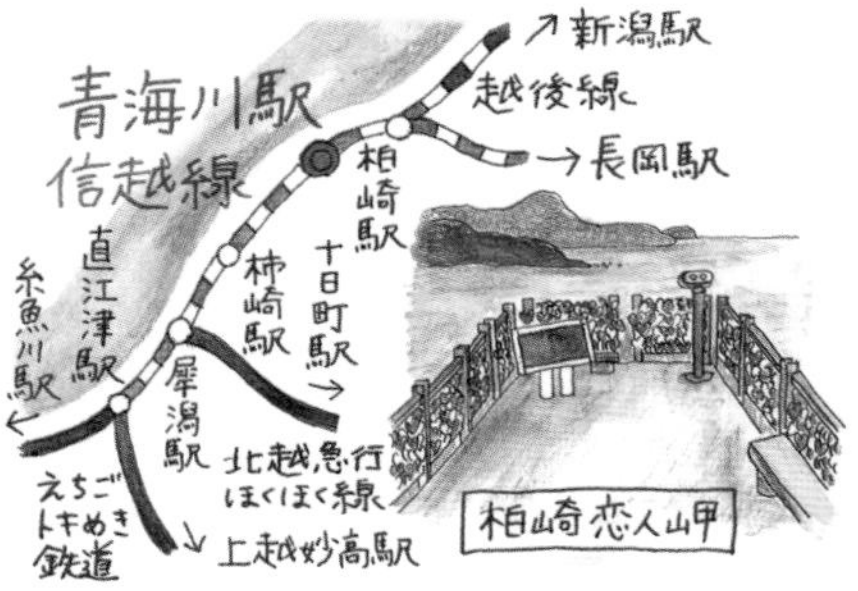

信越線とえちごトキめき鉄道が交わる直江津駅から、日本海を眺める列車の旅に出かけた。しばらく防風林に囲まれた信越線を走った列車は、ホームからわずかに海を望む柿崎駅に着いた。

柿崎駅を過ぎると左の車窓に青く透き通る日本海が

広がる。鉄道ファンには信越線の俯瞰《ふかん》ポイントとして知られる米山《よねやま》駅を過ぎ、笠島《かさしま》駅の次が〝海に最も近い〟と称される駅の一つ、青海川駅だ。まさしくホームのすぐ前まで日本海が迫る。

　駅から福浦海岸の絶景を一望する柏崎恋人岬へ。この岬は近年、恋愛成就スポットとしても人気で、ハート型のプレートが展望台を埋め尽くしていた。

　駅へ戻る途中、青海川駅を俯瞰できる高台へ。日本海へ沈む夕日に照らされ、白壁が美しい小さな駅舎と跨線橋が海と陸の境目にくっきりと浮かび上がっていた。

寺内駅《てらうち》

真岡鐵道《もおかてつどう》

栃木県真岡市

朝日がまぶしい北関東の小駅 SLがまたレトロ感を増す

冬の早朝、真岡鐵道の寺内駅を訪ねた。

茨城県の下館《しもだて》駅と栃木県の茂木《もてぎ》駅を結ぶ全長41・9キロのローカル線は、筑波山を望む田園地帯をゆっくり走り抜け、関東平野を囲む山裾へと進む。

寺内駅は田園地帯と市街地のちょうど境にあり、国鉄時代から使われている木造駅舎が今も残っている。未舗装のホームは砂利が敷かれ、柵には枕木が使われている古い造りだ。週末を中心に運行されるSLもおかが姿を見せると、さらにレトロ感が増す。

駅前から駅舎を見ると南東を向くため、晩秋から初冬にかけて、改札口の向こうに朝日が顔をのぞかせる。

日が昇り始めた頃、一人の乗客が改札口を抜けた。駅前に一瞬伸びた長い影がやがて上り列車に吸い込まれると、辺りは再び朝の静寂に包まれた。

真岡鐵道は1920年に官設鉄道真岡線として全線開業。寺内駅は1912年に開業。下館駅から約20分

上《かみ》神《かん》梅《ばい》駅

わたらせ渓谷鐵道

群馬県みどり市

花に彩られるプラットホーム 地元住民に愛される文化財の駅舎

　渓谷を眺める列車旅をしようと、桐生《きりゅう》駅からわたらせ渓谷鐵道に乗車した。

　市街地を走り抜け、大《おお》間々《まま》駅を出てしばらくすると、車窓風景は一変し、右手に渡良瀬《わたらせ》川の流れが広がる。夏の雨に濡れた渓谷の緑はさらに色深く、美しさを増していた。列車は木々の間から見え隠れする渡良瀬川に沿って山間へと進んでいく。途中いくつかのトンネルを抜けると、古い木造駅舎が郷愁を誘う上神梅駅が見えてきた。

　1912年に開業し、昭和初期に増築した建物は、国の登録有形文化財。当時の木の改札やベンチがそのまま残り、周辺住民たちの植えた花々がプラットホームを彩る。

　住民らの駅を愛する心があってこそ、この駅舎は今に受け継がれてきたのだろう。そんな思いを心に刻み、雨上がりの駅をあとにした。

足尾鉄道足尾線は1914年に全線開業。上神梅駅は1912年に開業。1918年に旧国鉄足尾線になり、1989年に第3セクターに転換。桐生駅から約25分

深《ふか》谷《や》駅

高崎《たかさき》線

埼玉県深谷市

東京駅に似た駅舎で人気 建築技術の歴史を物語る

高崎線は1884年に全線開業。深谷駅は1883年に開業し、1996年にリニューアル。上野駅から約1時間20分

東京駅駅舎の外観デザインを模倣《もほう》していることで知られる深谷駅の駅舎を見にいこうと、大宮駅から高崎線の普通列車に乗車した。

深谷駅が開業したのは1883年で、かつて駅の約4キロ北にあった日本煉瓦《れんが》製造への専用線が接続していた。

明治から大正期にかけ、燃えにくく丈夫なレンガ造りの建造物の整備が国を挙げて進められた。そのレンガを製造すべく、深谷出身の渋沢栄一らによって設立されたのが日本煉瓦製造で、その生産品は東京駅駅舎にも使われた。深谷駅では建築基準法の規定でレンガを使えなかったが、レンガ風のタイルで東京駅を模したのはこれに由来する。

2006年に廃業した日本煉瓦製造の施設の一部は、国の重要文化財として今も残る。近代日本黎明《れいめい》期の面影が、駅舎にも宿っているように思えた。

石神前駅《いしがみまえ》

青梅線《おうめ》

東京都青梅市

多摩川畔の小駅で桜花の舞に迎えられて

立川駅を起点とする青梅線。青梅駅までは、まだまだ都会的な雰囲気だが、青梅駅で4両編成の列車に乗り換えた先は、車窓に多摩川によって削られてできた谷が迫ってくるようになる。

青梅駅を出て三つ目、ひときわ大きな桜の木が目に留まり石神前駅で下車。駅舎を囲むように植えられた数本の大きな桜が、美しい花を揺らして迎えてくれた。

石神前駅は、かつてこの地にあった遊園地の最寄り駅である楽々園停留場として開業。遊園地の営業終了後に三田村駅という名を経て、駅近くの石神社《いしがみしゃ》にちなんで現在の駅名となった。

駅近くの好文橋《こうぶん》から、多摩川の美しい流れを望み対岸へ。一帯は吉野梅郷と呼ばれるが、現在再生に向けた取り組みが行われている。

東京とは思えない豊かな自然に触れることができ、心癒やされた。

青梅線は1944年に全線開業。石神前駅は1928年、楽々園停留場として開業。中央線立川駅から約40分

勝沼《かつぬま》ぶどう郷《きょう》駅

中央線

山梨県甲州市

ワインとフルーツの里の玄関口
色とりどりの花々に囲まれて

中央線は1911年に全線開業。勝沼ぶどう郷駅は1913年に勝沼駅として開業、1993年に改称。八王子駅から約1時間20分

笹子《ささご》トンネルを出た中央線は、甲斐《かい》大和《やまと》駅の先にある2本の長いトンネルを抜けると一気に視界が開け、斜面に果樹園が広がる勝沼ぶどう郷駅に着く。

1980年に建て替えられた駅舎の出入り口正面にはステンドグラスがあり、乗客を迎える。駅前ではビオラなど初春の花が咲き、西洋風な外観と相まってメルヘンチックだ。改称される前の勝沼駅は1968年までスイッチバック駅だった。駅の脇には昔のプラットホームが残り、4月にはその周囲で〝甚六《じんろく》桜〟と呼ばれる約600本の桜が咲き誇る。

駅正面の小高い丘の上に見える甲州市勝沼ぶどうの丘へ。タートヴァンという専用容器を買い、品質審査会に合格し、そろえられた約200銘柄から選んで試飲を楽しむ。ワインの香りとぶどうの丘の春にしばし酔いしれた。

信《しな》濃《の》竹《たけ》原《はら》駅

長野電鉄

長野県中野市

普段は閉鎖されている昭和の駅舎
旧小田急ロマンスカーを見送る

長野電鉄信州中野—湯田中駅間は１９２７年に平穏線として全線開業、信濃竹原駅も同年開業。長野駅から約1時間10分

長野電鉄の普通列車で湯田中温泉へ向かう途中、古い木造駅舎が印象的な信濃竹原駅で降りた。１９２７年の開業当時から残る駅舎は、昭和初期の光景をほうふつさせる。駅から歩いて3分ほどの夜間瀬《よませ》川橋梁は沿線一の絶景ポイントで、この地で栽培の盛んなリンゴ畑が広がり、「高井富士」と称される高社山《こうしゃさん》を望む。

駅に戻り列車を待っていると、かつて小田急線のロマンスカーとして活躍し、現在は長野電鉄を走る１０００系が通過していった。実はこの駅舎は１９９５年に無人化されて以降閉鎖されていた。しかし２０１５年4月から、同車両で運行を開始した「特急ゆけむり～のんびり号～」の下りが停車している間に限り、待合室内が公開(現在は非公開)される。

「今度は駅舎の中に！」、そんな思いが私の旅心をくすぐって止まない。

抜里駅《ぬくり》

大井川《おおいがわ》鐵道大井川本線　静岡県島田市

住民に守られ続けた〝休憩所〟週末に地野菜の総菜も販売

大井川鐵道大井川本線は1931年に金谷―千頭駅間が全線開業。抜里駅は1930年に開業。金谷駅から約35分

静岡県中西部を走る大井川鐵道は、もともと上流部の電源開発と森林資源の輸送を目的に敷かれた。1960年代以降は観光鉄道へと転換を図り、現在、アプト式鉄道をはじめ、SLや各地の旧型車両を走らせている。

沿線には開業時から残る

古い駅舎が多く、ひときわ印象的な抜里駅で下車した。
焦《こ》げ茶色をした年季の入った板壁の駅舎には〝サヨばあちゃんの休憩所〟という看板が掲げられていた。この日は休みだったが、土・日曜にはサヨばあちゃんら地元住民が育てた野菜で料理を作り販売している。駅舎周囲の花々も、地元の人々によって整備されているそうだ。
隣の川根温泉笹間《ささま》渡駅へいき、ふれあいの泉でひと風呂浴《あ》びて駅へ戻ると、SL列車が汽笛とともに爆煙を吹き上げ発車していった。まるで時が止まったかのような旅に懐かしさを覚えた。

原木駅《ばらき》

伊豆箱根鉄道駿豆《すんず》線 | 静岡県伊豆の国市

ロケ地として人気の駅で 夕日に輝く富士の峰

伊豆箱根鉄道駿豆線は1934年に全線開業、原木駅は1898年に開業。三島駅から約15分

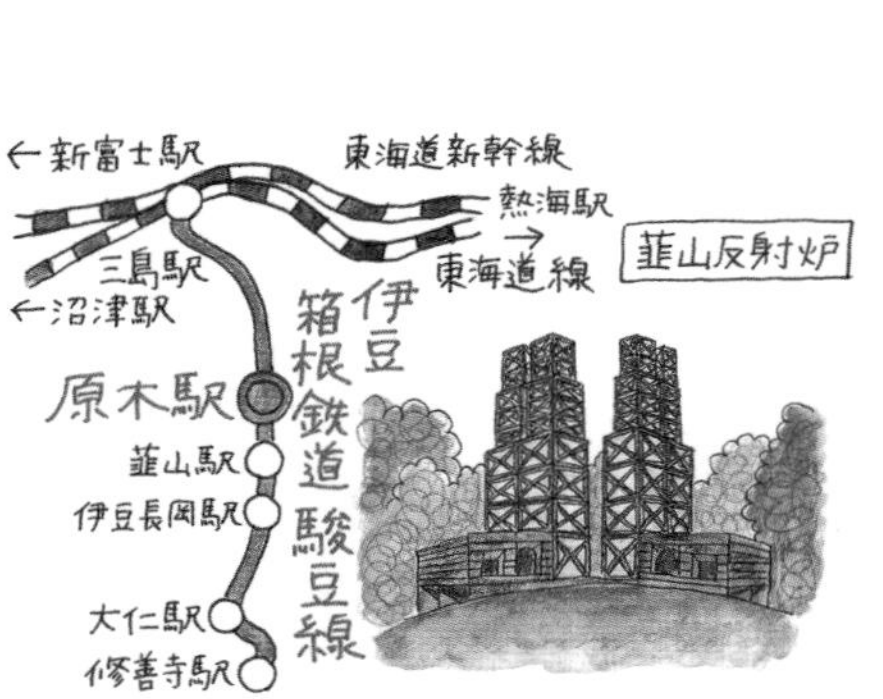

伊豆半島の韮山《にらやま》、修善寺へ旅に出た。三島駅から伊豆箱根鉄道駿豆線で市街地を抜けると、車窓には狩野《かの》川が見え、田方《たがた》平野の田園地帯が広がる。北条氏・源氏ゆかりの地や世界遺産・韮山反射炉を訪ねた帰り、原木駅に降り立った。

この駅は1971年に無人化されたが、近年は映画やプロモーションビデオのロケ地にもなり、知る人ぞ知る存在になった。音楽グループGReeeN《グリーン》の「旅立ち」の映像を見て、旅情あふれる駅をいつか訪ねたいと思っていた。

夕暮れ時のホームは、光に満ちあふれていた。白壁の駅舎を抜け、田園地帯へ出ると、背後に雄大な富士山がそびえる。

西日に照らされた紅富士をカメラに収め駅を発《た》つと、「旅立ち」のメロディーが頭の中を流れていった。〜♪夕暮れ色染まる君の横で〜

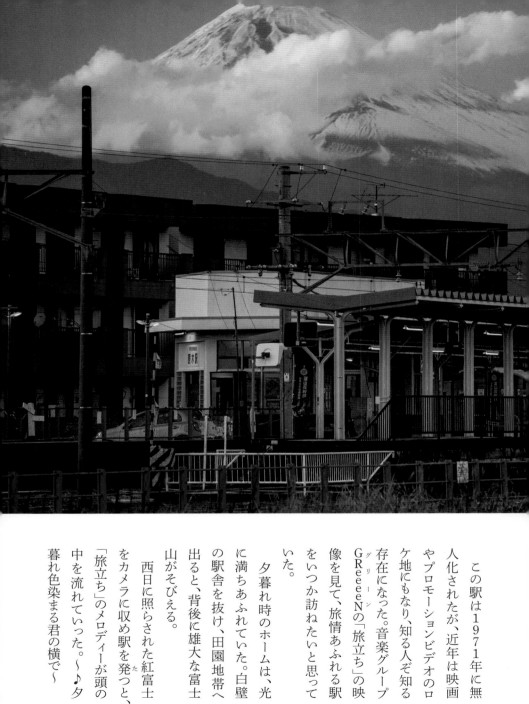

水鳥《みどり》駅

樽見《たるみ》鉄道 | 岐阜県本巣《もとす》市

待合室だけの木造駅舎
桜や駅名に風趣を感じる

1956年に国鉄樽見線として開業し、1984年に樽見鉄道へ移管。1989年に全線開業し、水鳥駅も同年に開業。大垣駅から約1時間

国の天然記念物「根尾谷《ねおだに》の淡墨桜《うすずみざくら》」はあまりにも有名だが、その最寄りの樽見駅と大垣駅との間を走るのが樽見鉄道である。旧国鉄樽見線を引き継ぎ、1989年に神海《こうみ》駅（旧美濃神海駅）より先の10・9キロが延伸開業された。淡墨桜を愛《め》で

た帰り、樽見駅から一つ戻った水鳥駅でも下車した。

田んぼを見渡すホーム上に、待合室だけの小さな木造の駅舎が立つ。その背後で、根尾谷断層公園の桜が春の訪れを告げていた。

桜を眺めながら根尾谷地震断層観察館へ向かい、館内で変位差上下約6㍍という断層を目のあたりにする。根尾谷断層は1891年に発生した濃尾《のうび》地震によってでき、地震断層としては日本最大級で、国の天然記念物にも指定されている。

息をのむような桜の美しさと、地球が持つ壮大なエネルギーに圧倒された。

二木島駅《にぎしま》

紀勢線 | 三重県熊野市

青春18きっぷのポスターに登場 捕鯨基地として栄えた漁村の駅

紀勢線は1959年に全線開業、二木島駅も同年に開業。東海道新幹線名古屋駅から特急と普通列車を乗り継ぎ約4時間30分

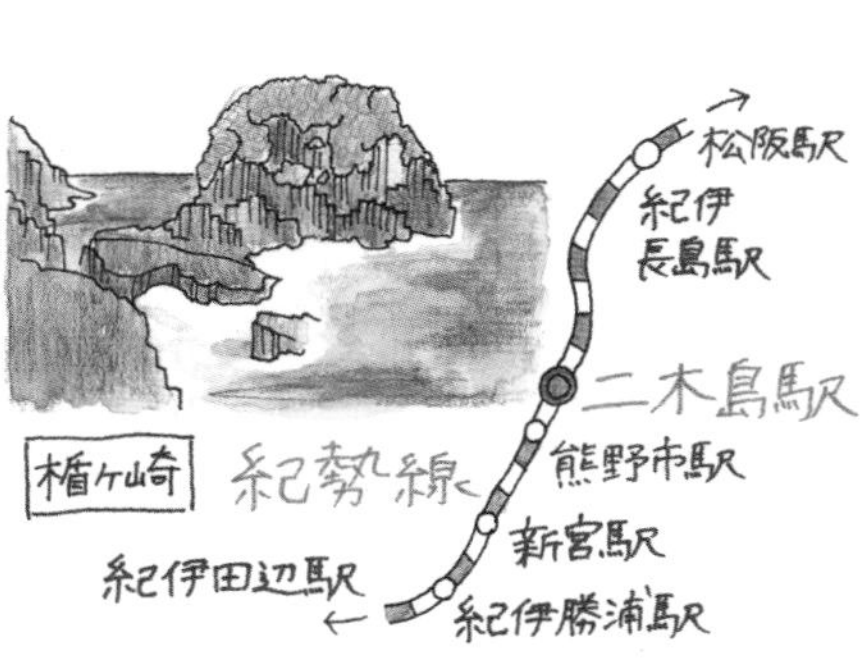

二木島駅は、1996年春の青春18きっぷのポスターの撮影地になった。

二木島湾の最奥、ポスターで2人の女性が楽しそうに歩いていた漁港のすぐ隣に、白いブロック壁の駅舎がひっそりとたたずむ。その脇にある単線のホームから海を望

む絶景駅だ。

二木島駅のある紀伊半島南東部は、リアス式海岸が続く。二木島湾の湾口には、無数の真っすぐな柱が連なったように見える柱状節理《ちゅうじょうせつり》の岸壁、楯《たて》ヶ崎《さき》がある。また、駅の近くを通る熊野古道の曽根次郎坂・太郎坂の入り口付近からは、二木島駅を囲む漁村を俯瞰《ふかん》できる。漁村はかつて捕鯨基地として栄え、町の片隅にはクジラの供養塔が残っている。

静まり返った緑深い漁村の風景を眺めていたら、いつか古道を歩いて紀伊半島を旅してみたいという気持ちがわき上がってきた。

中伏木《なかふしき》駅

万葉《まんよう》線 | 富山県射水《いみず》市

北陸の夏の太陽に輝く花々が路面電車に彩りを添えて

前身の富山地方鉄道により1951年に一部開業。中伏木駅も同年に開業。厳密には万葉線高岡軌道線の停留所。高岡駅から約30分

高岡駅から万葉線に乗り、射水市を目指す。全長12・9キロの万葉線は、併用軌道（路面）と専用軌道が一つにつながった珍しい鉄道路線だ。しばらく自動車と並走し、やがて専用軌道に入ると、色とりどりの花が咲く駅が目に留まり途中下車した。

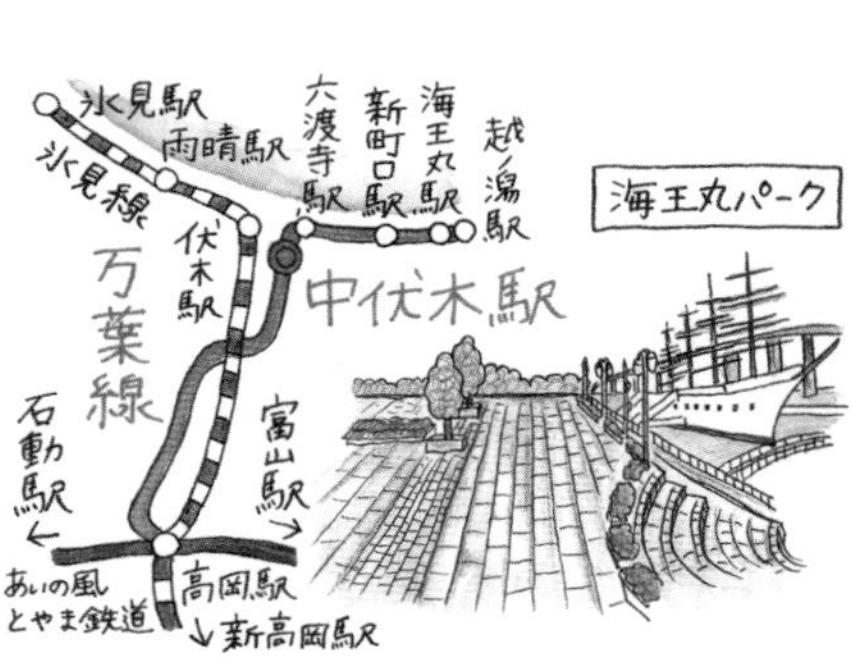

駅前の花壇は、付近の住民が丹精込めて育てたユリやサルビアなど夏の花で埋め尽くされ、夏空を背にした小さな駅舎と赤い万葉線の列車に彩りを添える。

小矢部《おやべ》川と庄《しょう》川に挟まれた河口付近にある駅から少し歩くと、庄川にかかる古い鉄橋を万葉線のレトロ車両がコトコトと渡っていく姿が見られた。

再び列車に乗り、新町口《しんまちぐち》駅で下車。〝日本のベニス〟と称される内川を巡りながら、新湊大橋を望む海王丸パークへ。公園には帆船が係留され、富山湾から吹き渡る海風が心地良かった。

能登鹿島《のとかしま》駅

のと鉄道七尾線 | 石川県穴水町

駅舎の壁まで桜色
桜のトンネルに迎えられ

1988年から営業を始めたのと鉄道の前身、国鉄七尾線は1935年に全線開業。能登鹿島駅は1932年の開業で、現在の駅舎は1988年竣工。七尾駅から約35分

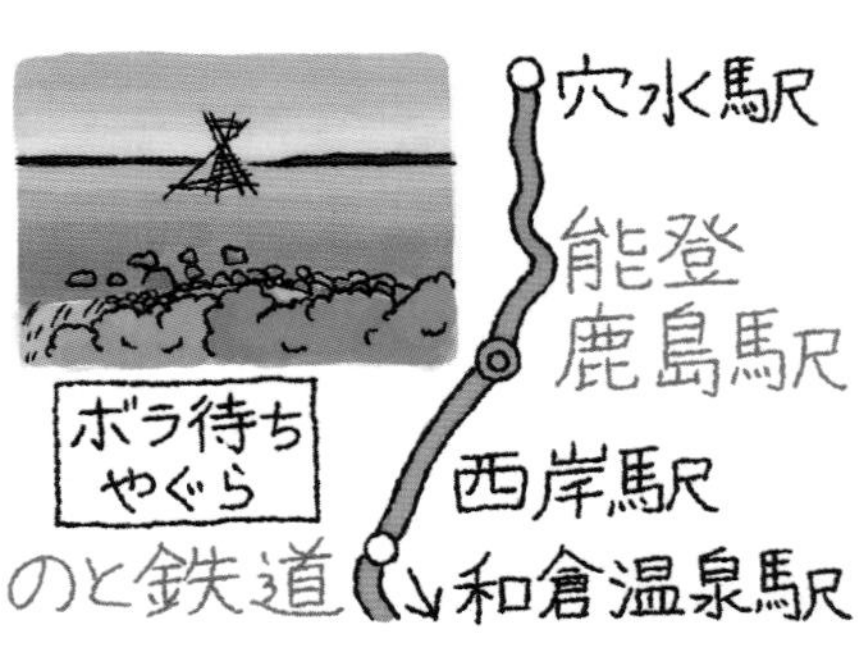

愛称は「能登さくら駅」。ホームに沿って植えられた桜が例年4月上旬に桜のトンネルとなり乗客を迎える。2006年以来、13年ぶりに列車で訪れた。

2011年に「能登の里山里海」として世界農業遺産に認定された能登の風景は

以前と変わらず、懐かしく思えた。そんな車窓をぼんやり眺めていると、やがて目指す能登鹿島駅が見えてきた。

１９８８年にできた洋風の駅舎はピンク色に塗り替えられ、桜の色と相まってメルヘンチックに。時が経つのをしばし忘れ、駅舎のベンチで桜の甘い香りに酔いしれる。

再び列車に乗り穴水駅に向かっていると、海辺に見慣れぬ櫓《やぐら》が見えてきた。「ボラ待ちやぐら」という原始的な漁法で使う櫓で、１９９６年になくなった漁が２０１２年に再開されたのだという。能登の里山里海の恵みが心を和ませてくれた。

北府駅《きたご》

福井鉄道《ふくい》福武線《ふくぶ》 | 福井県越前市

地元住民に愛され、守られる国の登録有形文化財

福井鉄道福武線は、前身の福武電気鉄道が1924年に全線開業。北府駅（旧西武生駅）も同年開業。越前武生駅から約2分

福井県越前市の中心、武《たけ》生《ふ》を訪ねた。古代の越前国の国府が置かれ、明治以前は「府中」と呼ばれていた。

町の中心部を散策すると「蔵の辻」という一角にさしかかる。武生は北陸街道の宿場、物資の中継地として栄え、江戸時代以降に「越《えち》

前鎌《ぜんがま》」と呼ばれる打刃物《うちはもの》の生産が盛んになった。蔵の辻には商人たちが建てた美しい白壁の蔵が並ぶ。

市街地から、府中の北に広がる「北府」エリアへ。ここには福井鉄道福武線の車両基地と、１９２４年開業当初から残る古い木造駅舎がある。元西武生駅だったが、２０１０年３月に「北府駅」に改称した。その半年後に地元住民らによって発足した「北府駅を愛する会」の協力も得て、２０１２年にレトロな雰囲気を残した駅舎にリニューアルした。

青葉茂る桜の下を抜け、改札口へと向かった。

浜名湖佐久米駅《はまなこさくめ》

天竜《てんりゅう》浜名湖鉄道

静岡県浜松市

冬の渡り鳥が舞い降りる浜名湖の畔《ほとり》の駅ホーム

天竜浜名湖線の西側区間にある、冬の使者がやってくる駅を目指した。

知波田《ちばた》駅を出た列車は、ところどころで浜名湖の湖面を望みながら、ミカン畑が広がる中を進む。三ケ日《みっかび》駅を過ぎ、東名高速と併走してほどなく、目的の浜名湖佐久米駅が見えてきた。

ホームの上に飛び交うたくさんのユリカモメは11月～3月にかけて飛来し、列車がくるたびに乗客たちを出迎える。この光景を一目見ようと、冬場は多くの観光客が訪れるという。駅前に設置されている牛をかたどったユニークなトイレも、訪れた人たちを楽しませてくれる。

次の列車がくるまで、モルタル造りの駅舎内にある喫茶店「かとれあ」で軽食をとりながら待つ。やがて、列車の音が近付いてくると、ユリカモメたちの歓声が浜名湖に響いた。

前身の国鉄二俣線は1935年に全線開業。浜名湖佐久米駅は1938年に佐久米駅として開業。1987年に天竜浜名湖鉄道に転換し改称。新所原駅から約30分

平戸橋駅《ひらとばし》

名鉄三河線《めいてつみかわ》

愛知県豊田市

景勝地へ向かう無人駅で桜吹雪に包まれる

名鉄三河線は前身の三河鉄道が1914年に一部開業。平戸橋駅は1924年に開業。名鉄名古屋本線知立駅から約35分

名古屋と周辺の都市を結ぶ名鉄線を巡った際、三河線に乗車した。三河線は知《ち》立《りゅう》駅を中心に南北に分かれ、北側は自動車産業が盛んな豊田市駅を通り、現在の終点猿投《さなげ》駅までを赤い2両～4両編成の電車が走る。

猿投駅の一つ手前、戦後間もない頃、勘八峡《かんぱちきょう》へ向かう観光客でにぎわったという平戸橋駅には、美しい桜並木がある。この平戸橋駅を春に再び訪ねた。

駅へさしかかるとすでに満開となった桜並木が窓越しに見え、ホームに降り立つと春風に舞う花びらが迎えてくれた。

水色屋根の小さな駅舎を抜け、駅名の由来でもある平戸橋へ。そのたもとには平戸橋公園があり、駅と同じく美しい桜並木が勘八峡にできた越戸《こしど》ダムに向かって続く。矢作《やはぎ》川の流れを眺めながら、心地良い春の1日を満喫した。

伊勢市《いせし》駅

参宮《さんぐう》線

三重県伊勢市

式年遷《せん》宮《ぐう》に合わせて建てられた駅舎前の鳥居をくぐって参拝へ

名古屋駅から快速みえに乗り、伊勢神宮外宮《げくう》（豊受大神宮）へ通じる伊勢市駅へ向かった。

伊勢市駅には近鉄山田線も乗り入れるが、JR線側にあり外宮参道にも近いのが伊勢市駅南口駅舎。白い壁が目映《まばゆ》い建物は、2013年の式年遷宮に合わせて改装された。

駅舎を出るとすぐに、高さ約5・3メートル、幅約4・5メートルの鳥居が堂々とした姿を見せる。こちらも式年遷宮を機に、地元商工会議所が中心となって寄付を募って建てたもの。伊勢神宮が管理する林から切り出されたヒノキが使われている。

駅前から神々しい空気を感じながら参道を進むと、ほどなく伊勢神宮外宮の鳥居が見えてきた。真新しい正宮《しょうぐう》で参拝を済ませ、駅へ戻る。にぎわいを見せる参道を歩きながら、一足早く正月気分に浸った。

参宮線は1911年に全線開業。伊勢市駅は1897年に山田駅として開業。東海道新幹線名古屋駅から快速みえで約1時間40分

鶴《つる》来《ぎ》駅

北陸《ほくりく》鉄道石川《いしかわ》線

石川県白山《はくさん》市

赤瓦屋根に白壁が印象深い 大正ロマン漂う白山麓の終着駅

両白《りょうはく》山地の主峰・白山の麓《ふもと》の鶴来駅を目指し、新西金沢駅から北陸鉄道石川線の列車に乗り込んだ。市街地を抜け、車窓に広がる田園を眺めていると、ほどなく終点の鶴来駅に着いた。

瓦屋根に下見板張りの駅舎は大正ロマン風で、竣工当時の面影を今に残す。かつてはこの先の加賀一の宮駅、白山下駅まで路線が延び、新寺井駅へ向かう能美《のみ》線も分岐していたが、いずれも廃線に。終着駅となった今は、白山市の顔としてにぎわいを見せている。

駅を離れ白山《しらやま》比咩《ひめ》神社の門前町を訪ねた。江戸時代から残る酒蔵をはじめ、歴史を感じさせる町並みが続く。町外れの乗り場からゴンドラで獅子吼《しく》高原へ上ると、眼下には金沢の大パノラマが広がった。

鶴来駅から野町《のまち》駅へ戻り、白山麓の町並みを思い出に金沢の町へと繰り出した。

北陸鉄道石川線は1915年に石川鉄道として全線開業。鶴来駅も同年開業。新西金沢駅から約30分

一度は訪れたい絶景駅

心に残る風景に溶け込む
印象的な駅舎。
季節や時間によって
雰囲気は異なり、
訪れるたびに様々な表情で
迎えてくれます。
そんな絶景駅を
全国から厳選しました。

十二橋駅《じゅうにきょう》

（千葉県香取市／鹿島線）

利根川と霞ヶ浦から流れ出る常陸利根川に挟まれた、十二橋めぐりで知られる加藤洲の近くにある。駅は高架で、与田浦越しに見ると夕日に浮かび上がるよう。

飯井駅《いい》

（山口県萩市／山陰線）

長門市と萩市の市境を挟む、日本海に面する飯井集落の外れにある無人駅。青く透き通る小さな入り江と、そこに寄り添う石州瓦の赤い屋根の色彩が箱庭を思わせる。

海芝浦駅《うみしばうら》（神奈川県横浜市／鶴見線）
東芝関連会社の関係者以外は駅から出られない秘境駅。京浜工業地帯の一角、東京湾の田辺運河に面し、ホームから鶴見つばさ橋や横浜ベイブリッジも望める。

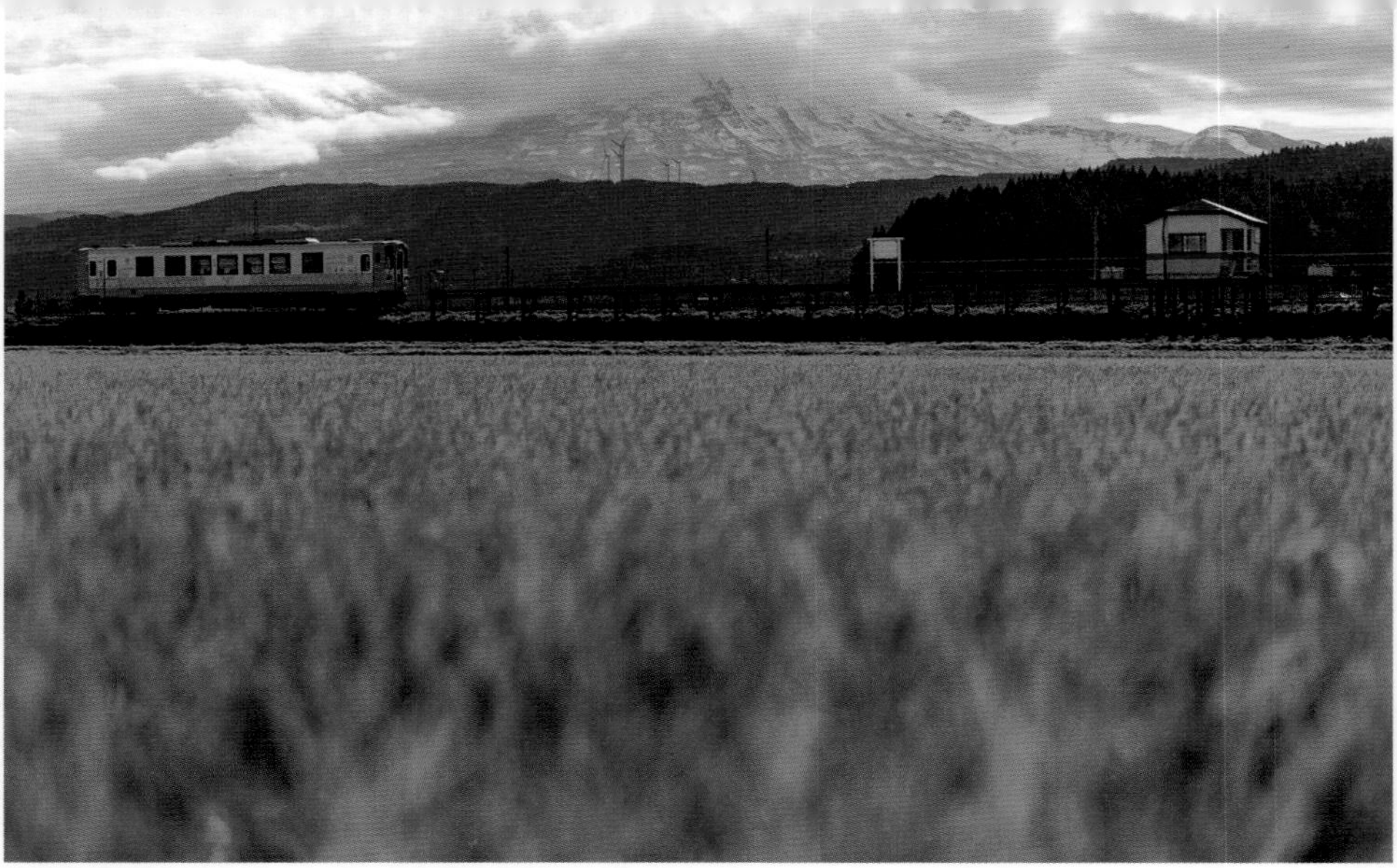

曲沢駅《まがりさわ》

（秋田県由利本荘市／由利高原鉄道鳥海《ちょうかい》山ろく線）

子吉《こよし》川の周囲に広がる田んぼの中、集落から離れた道路脇にホームと小さな待合室だけがある。ホームの先に、別名「出羽富士」で知られる鳥海山がそびえる。

鹿討《しかうち》駅

（北海道中富良野町／富良野線）

田畑が広がる富良野盆地の一角に、とんがり屋根の小さな駅舎とホームがある。駅前の民家１軒以外、周囲にほとんど建物がなく、冬は雪原の先に十勝岳連峰を望む。

高遠原《たかとおばら》駅
（長野県飯島町／飯田線）

天竜川右岸に形成された河岸段丘の、段丘面上に広がる棚田の中にある。ホーム脇に植えられた桜が、駅背後にそびえる中央アルプスの山並みに映える。

奥大井湖上《おくおおいこじょう》駅
（静岡県川根本町／大井川鐵道井川《いかわ》線）

大井川上流に接岨《せつそ》湖が造られた際、湖の中央に突き出た半島上に駅を移設。駅の両側が湖で囲まれ、あたかもそこに浮かんでいるかのような絶景となった。

安和《あわ》駅
（高知県須崎市／土讃《どさん》線）

高知県中西部、須崎湾の西外れにある安和海岸に面した無人駅で、ホームから朝日を望める。海岸より駅が少し高い位置にあるため、ホームのすぐ前が大海原のようだ。

河《かわ》辺《べ》の森《もり》駅

近江鉄道本線 | 滋賀県東近江市

近江《おうみ》盆地の田畑の中に立つ 環境に優しい小さな駅舎

近江鉄道本線は1898年に全線開業。河辺の森駅は2004年に開業。米原駅から約45分

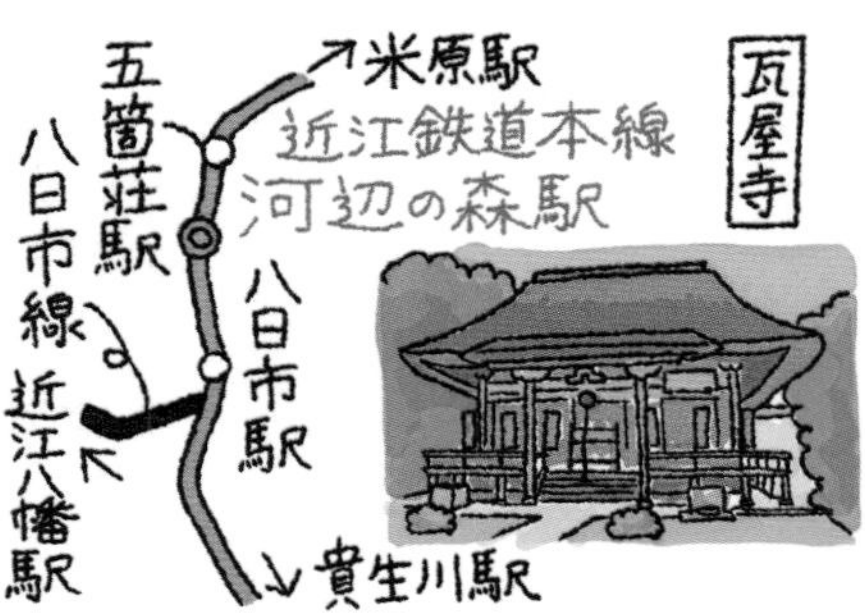

夏も終わりにさしかかった頃、近江鉄道本線を巡る旅に出た。

鈴鹿山脈に端を発し、琵琶湖へ注ぐ愛知《えち》川。ほとりの森林を保全する「河辺いきものの森」の最寄り駅としてできたのが河辺の森駅だ。

田畑の中にポツンとたた

ずむ駅は環境に配慮して屋根にソーラーパネルを載せ、駅前に小さなビオトープが造られている。ホームから琵琶湖西岸の比良《ひら》山地の山並みと、その背後にわき上がる入道雲が見えた。

駅の南西には近江盆地にある独立山塊《さんかい》の一つ、箕作《みつくり》山が見える。中腹にある近江西国霊場第18番札所の瓦屋《かわらや》寺は聖徳太子創建と伝わり、江戸初期に臨済宗の寺として再興されて「瓦屋禅寺」とも呼ばれる。

寺の石段を上って振り返ると、眼下に田園風景が広がり、その先に鈴鹿の山並みが浮かび上がった。

※ビオトープ……人の手によって造成あるいは復元された生物群の生息空間

二ノ瀬《にせ》駅

叡山《えいざん》電鉄鞍馬《くらま》線 | 京都府京都市

もみじのトンネルの先で錦秋をまとって旅人を待つ

叡山電鉄鞍馬線は1929年に叡馬電気鉄道により全線開業。二ノ瀬駅も同年開業。出町柳駅から約25分

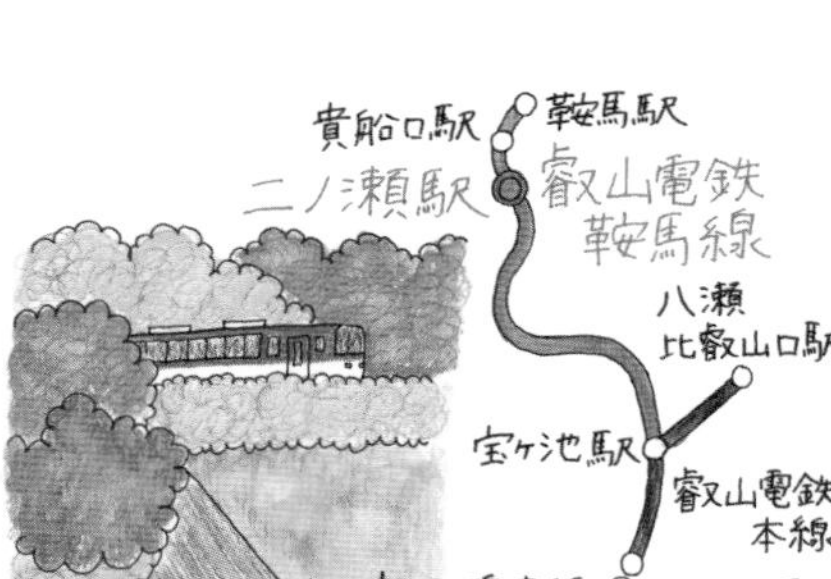

紅葉の京都・洛北へ。叡山電鉄の1日乗車券「えぇきっぷ」を買って、出町柳《でまちやなぎ》駅から列車に乗った。

市原駅を過ぎ、建物がほとんど見えなくなると、赤や黄色に染まった通称〝もみじのトンネル〟にさしかかる。約250メートルにわたる錦模

様に酔いしれていると、上りホームにログハウス風の駅舎が立つ二ノ瀬駅に着いた。

木の温もりを感じる駅舎のすぐ脇には、鮮やかに色付いた木があり、旅人を迎える。夜になると、もみじのトンネル同様にライトアップされ、ひときわ輝きを放つ。

駅から徒歩7分の所に、例年春と秋に人数限定で一般に公開される日本庭園「白龍園《はくりゅうえん》」があり、11月上旬～下旬の紅葉シーズンは特に鮮やかだ。

列車でさらに先の貴船口《きぶねぐち》駅、鞍馬駅へ。貴船《きふね》神社、鞍馬寺など、洛北の秋の彩りに心奪われた。

※叡山電鉄鞍馬線は、2020年7月の大雨による土砂崩れの影響で、2021年6月現在、市原－鞍馬駅間が運休中。全線復旧の見通しは2021年秋の予定

妙見口駅《みょうけんぐち》

能勢《のせ》電鉄妙見線｜大阪府豊能《とよの》町

大阪最北にたたずむ終点駅 妙見山と妙見の森の玄関口

能勢電鉄妙見線は1923年に全線開業。妙見口駅は能勢電気軌道の妙見駅として1923年に開業。川西能勢口駅から約30分

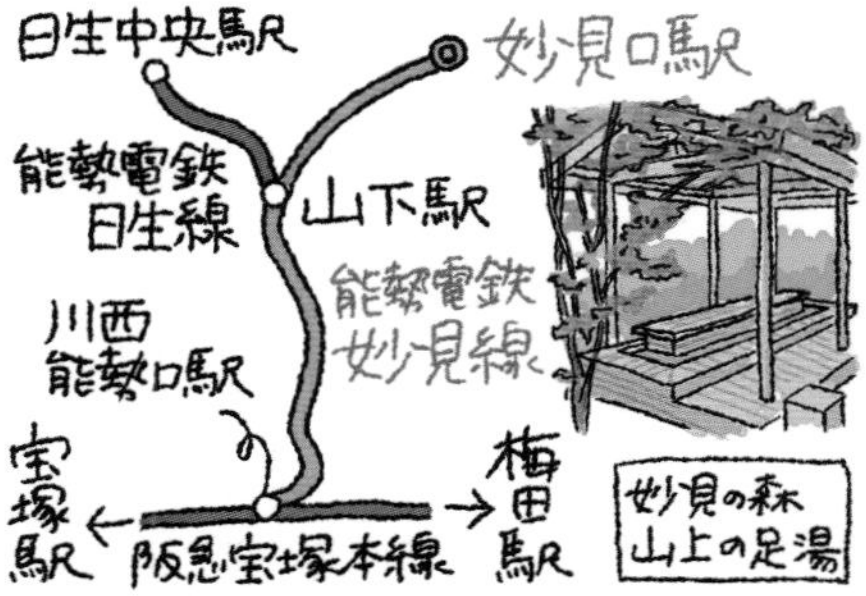

阪急電鉄のイメージカラーであるマルーン色（えび茶色）の列車に揺られ、川西能勢口駅へ。ここで同じ色の能勢電鉄に乗り換える。列車はどんどん高度を上げ、山間部へさしかかると、ほどなく大阪府最北の駅である妙見口駅に到着した。

黒と白を基色とした駅舎はまさにゲートのような形で、中央の改札脇にはギャラリーを兼ねた待合室があり、乗客を迎え入れる。駅前には駅舎改装の際に置き換えられた朱色の丸ポストがあり、古い木造駅舎に彩りを添えている。

駅から徒歩、ケーブルカーとリフトを乗り継いで妙見山へ登る。日蓮宗の寺「能勢妙見山」を参拝した帰り、ケーブル山上駅脇にある「妙見の森　山上の足湯」へ。湯に足を浸しながら秋の山並みを眺めていると、空に浮かんでいるような気分ですがすがしかった。

網引駅《あびき》

北条《ほうじょう》鉄道　兵庫県加西《かさい》市

大イチョウの落葉に浮かぶ約30年ぶりの再建駅舎

前身の播州鉄道、並びに網引駅は1915年に開業。1985年に北条鉄道に転換した。粟生駅から約5分

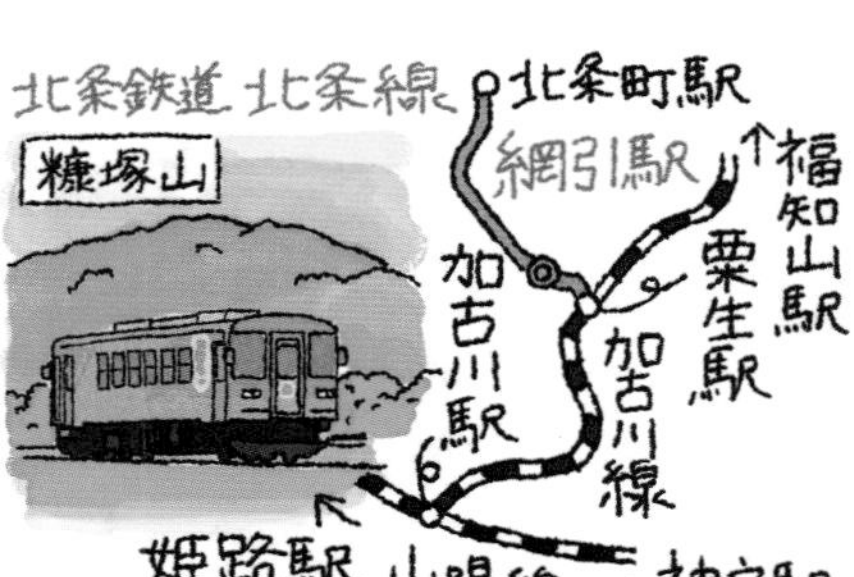

2009年の春、初めて北条鉄道を旅した時、網引駅の大イチョウの存在を知り、秋に訪ねたいと思っていた。2016年にその願いがかなった。

兵庫県の「景観形成重要樹木」として、地域住民の手で大切に管理されている樹

高約21㍍の大木は、11月に色付き、やがて駅前を黄色く染めていく。この大木を一目見ようと訪ねて来る人も多い。

　駅舎は1984年に焼失し、長らくそのままの状態が続いたが、地元企業の寄付などにより2013年に再建。板張り瓦屋根の駅舎が、黄色く敷き詰められたじゅうたんに浮かび上がる。

　背後には『播磨国《はりまのくに》風土記《ふどき》』ゆかりの糠塚《ぬかつか》山を望み、絶滅危惧種の動植物が生息するあびき湿原など豊かな自然が残る。美しいイチョウと貴重な自然環境が息づく網引の風景が心に染みた。

美作《みまさか》滝尾《たきお》駅

因美《いんび》線 | 岡山県津山市

“寅さん”がふらりと現れそうな桜花舞う昭和の木造駅舎

因美線は1932年に全線開業し、美作滝尾駅は1928年に開業。姫新線津山駅から約20分

岡山県北部、中国山地の麓にある津山。古くは出雲街道の宿場町として栄え、三つのJR路線（姫新《きしん》線、津山線、因美線）が集まる交通の要衝だ。

津山と鉄道の関わりは深い。津山駅のそばに旧津山扇形機関車庫を保存する「津山まなびの鉄道館」があり、地域発展に貢献した鉄道の重要性を今に伝える。

鳥取と岡山を結ぶ幹線だった因美線では、古くからの鉄道施設が今も現役。美作滝尾駅の駅舎もその一つだ。津山駅から三つ目、のどかな田園風景の中に、1928年の開業当時の姿で木造駅舎がたたずんでいる。駅前では桜の花が香り、春の訪れを告げる。日本の原風景さながらで、映画「男はつらいよ」のロケが行われたのもうなずける。

フーテンの旅人・寅さんになった気分で、レトロな改札口を抜けた。

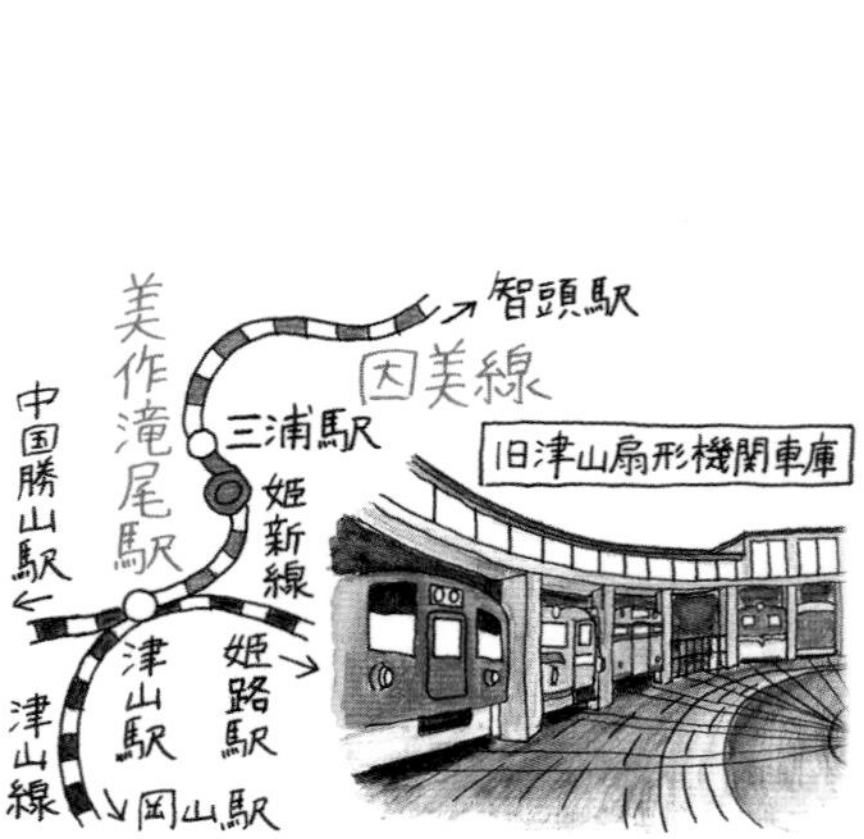

若《わか》桜《さ》駅

若桜鉄道 | 鳥取県若桜町

蔵が連なる宿場町で往時の姿を留める終着駅

国鉄若桜線として1930年に全線開業し、1987年から第3セクター運営に継承。若桜駅は1930年に開業。郡家駅から約35分

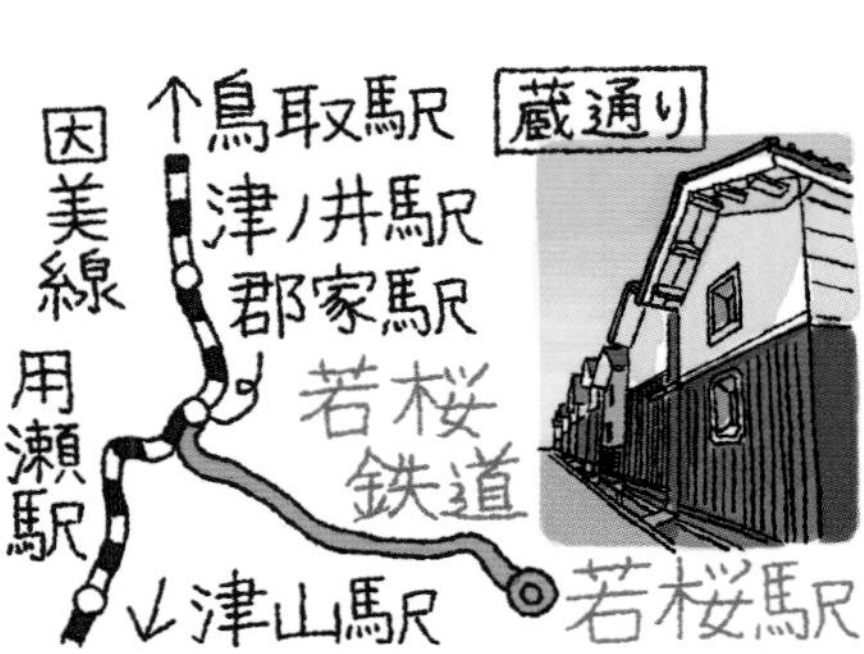

若桜鬼ヶ城の城下町として開かれ、廃城後は若桜街道の宿場町として栄えた若桜町。姫路駅から智頭《ちづ》急行直通の特急に乗り、郡家《こおげ》駅で若桜鉄道に乗り換え、終着の若桜駅を目指した。

前身の国鉄若桜線は山陰線八鹿《ようか》駅と郡家駅を結ぶ路

線として計画されたが、完成は若桜駅までに留まった。

開業当時の形を残す木造駅舎はレンガ色のトタン屋根で、初秋の青空によく映えていた。脇には桜の木が植わり、以前訪ねた時、美しい花を咲かせていたことを思い出した。若桜鉄道ではこの駅舎も含め23施設が国の登録有形文化財に登録されている。

駅近くに、1885年の大火後に蔵をまとめて建てた蔵通りがある。反対側には、土台上にひさしを設けた建物が並ぶ仮屋《かりや》通りがあり、往時のたたずまいを残している。レトロな町には、ゆったりとした時間が流れていた。

西岩国駅《にしいわくに》

岩徳線《がんとくせん》 | 山口県岩国市

国の登録有形文化財の洋風建築 木炭自動車やシャンデリアで演出

岩徳線は1934年に全線開業。西岩国駅は1929年に岩国駅として開業し、1942年に西岩国駅に改称。山陽線岩国駅から約5分

岩国駅からJR岩徳線に乗って一つ目の西岩国駅の駅舎は、古い木造洋風建築のたたずまいを今に残す。

1929年に山陽線の短絡線である岩徳線の岩国駅として開業。木造の5連アーチ橋で日本三名橋の一つ「錦《きん》帯橋《たいきょう》」の最寄り駅としてに

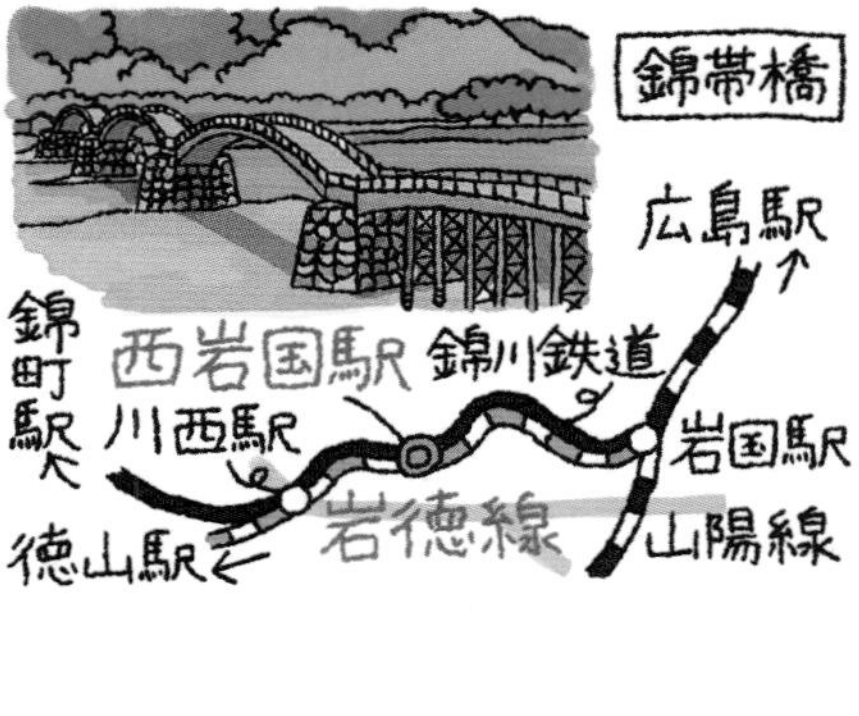

ぎわった。１９４２年、当時発展が著しかった麻里布《まりふ》駅が岩国駅になるのに合わせ、西岩国駅と改称された。

駅に降りてまず気になった木製の改札口や天井のシャンデリアは、１９７９年に駅舎の永久保存が決まった際に復元されたもの。駅舎は２００６年に国の登録有形文化財になり、今に至る。

駅前には、市民より寄贈された昭和初期に活躍した木炭自動車が展示され、寄《よせ》棟《むね》造りのオレンジ色の屋根と錦帯橋を模したアーチ構造の正面玄関が青空に映えていた。にぎわっていた当時の様子が思い浮かんだ。

竹《たけ》田《だ》駅

播但《ばんたん》線

兵庫県朝来《あさご》市

〝天空の城〟への玄関口 漆《しっ》喰《くい》壁と瓦屋根の建築美

姫路駅からアズキ色の電車に乗り、途中の寺前駅でディーゼル列車に乗り換えて約1時間45分。雲海に浮かぶ〝天空の城〟として人気の山城、竹田城址の玄関口である竹田駅に到着した。

ホームに降りると城があった古城山《こじょうざん》が見え、空に浮かぶ白い夏雲と相まってとてもすがすがしい。駅舎は、1906年の開業当時に建てられたもので、白い漆喰壁と黒い瓦屋根が美しい、古い商家のような外観だ。

竹田城は1600年に廃城となるが、生野《いくの》銀山と京都を結ぶ街道沿いにあたる竹田の町は、竹田椀（竹田塗り）や絹織物の産地であったことから、江戸時代以降にたくさんの商家が建ち並ぶようになったという。今でも駅周辺のあちらこちらに古い建物が残っている。

町の玄関口の駅も、そうした歴史とともに、これからも歩み続けることだろう。

前身は播但鉄道と山陽鉄道。1906年に国鉄播但線として全線開業し、竹田駅も同年に開業。山陽新幹線姫路駅から約1時間45分

大和上市駅《やまとかみいち》

近鉄吉野線《きんてつよしのせん》

奈良県吉野町

緑広がる夏空の下を古《いにしえ》の遺跡からの風が吹き渡る

近鉄吉野線は1928年に全線開業し、大和上市駅も同年開業。大阪阿部野橋駅から特急で約1時間10分

世界遺産の吉野山へ向かう途中、近鉄吉野線の大和上市駅で下車した。奈良県吉野町の入り口にあり、年間降水量が日本有数の大台ヶ原への玄関口でもある。

駅舎は、木目をそのまま生かした造りで、ほのかに黄色みを帯びた壁が真夏の青空に映える。

近くを大台ヶ原の豊かな森に源を発する清流・吉野川が流れ、列車は大きくカーブして鉄橋を渡っていく。吉野川沿いをバスでさかのぼると、20分ほどで万葉の昔から歌に詠まれた景勝地・宮滝に着いた。

一帯は飛鳥時代の吉野宮があった所で、縄文時代〜奈良時代の遺構や遺物が多数出土している。人工物の見えない田んぼにたたずむと、古代にいるかのような気分になる。

駅へ戻り、吉野川を渡り吉野神宮へ。川面を揺らすそよ風は古の香りがした。

備後矢野駅《びんごやの》

福塩《ふくえん》線

広島県府中市

地元の人が歴史を守り「福の縁」で迎えてくれる

府中駅から先の福塩線は、山深い吉備高原を貫き、1日上下各6本の列車だけが走る超ローカル線である。

沿線の駅が次々と無人化される中、開業当時の駅舎が残る備後矢野駅も一時無人化された。傷んでいく駅舎は見るに忍びないと、地元で縫製《ほうせい》業を営んでいた里武三さんが無料で借り受け、売店と食堂を始めた。

しばらく列車の来ない撮影の合間に、名物〝福縁阡《ふくえんせん》うどん〟を食べようと駅を訪ねる。「福の縁が千ほどあるように」という願いが込められ、円(縁)が重なるイメージを表した三つの丸餅が彩りを添えている。

他にも駅にはさまざまな縁起物があり、時が経つのを忘れさせてくれる。

お腹も満たし、夕方の列車の撮影に向かうことに。福塩線との〝縁〟がこれからも続くことを願いながら、山間の駅をあとにした。

福塩線は1938年に全線開業し、備後矢野駅も同年開業。山陽新幹線福山駅から約1時間30分

青野山駅《あおのやま》

山口線《やまぐち》

島根県津和野町

段々畑の集落にぽつり ツツジ彩る日本の原風景

2008年、SLやまぐち号の撮影会の後、島根県浜田市の水族館の取材に向かうため山口線に乗車した。

津和野駅の次の青野山駅を通った時、車窓に見えた段々畑の集落が気になり調べてみると、お椀をかぶせたような姿が特徴のトロイデ式火山、青野山の山麓であることが分かった。

青野山の美しい山容は、江戸時代の画家・谷文晁《たにぶんちょう》の『日本名山図会《え》』にも出てくるという。

その青野山駅を2018年の春に訪れた。青野山の一番すそ野に位置する駅の上には「麓耕《ろくごう》つつじの里」があり、4月下旬ともなると色とりどりのツツジが斜面を染める。さらにその上には石州瓦の民家が数軒あり、庭先で鯉のぼりが新緑の中を優雅に泳ぐ。

まさに絵に描いたような日本の原風景がそこには広がっていた。

山口線は1923年に全線開業。青野山駅は1961年に開業。山陽新幹線新山口駅から約1時間45分

土佐大正駅《とさたいしょう》

予土線《よど》 | 高知県四万十《しまんと》町

〝最後の清流〟に抱かれた林業の地らしい木造駅舎

宇和島鉄道が前身で、国鉄宇和島線を経て予土線としては1974年に全線開業。土佐大正駅も同年に開業。土讃線窪川駅から約30分

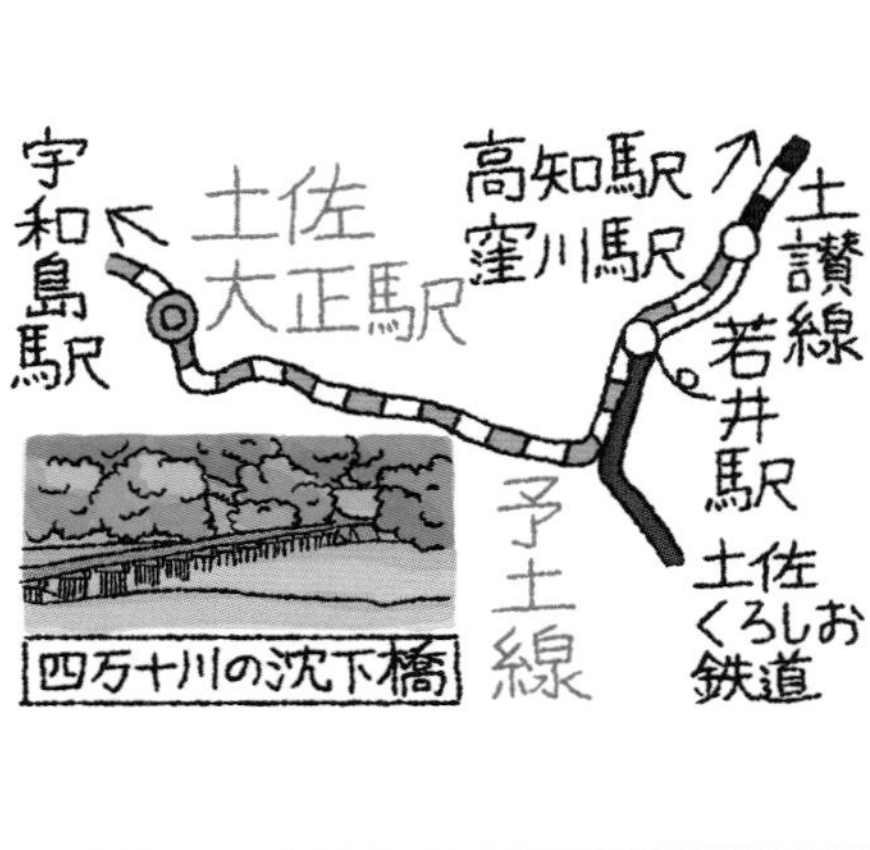

1974年、予土線で最後に開業した高知県側の若井《わかい》―江川崎《えかわさき》駅間は、愛称の〝しまんとグリーンライン〟にふさわしく、〝最後の清流〟と呼ばれることのある四万十川沿いをのんびりと走る。

土佐大正駅はそのほぼ中間に位置する。山小屋風の

駅舎は、無垢《むく》板の壁が印象的で、林業が盛んなこの地らしい造りだ。三つ並んだ三角屋根は〝山〟の字をイメージさせ、山々がもたらす豊かな自然の恵みが感じられた。

駅近くにある重要文化財に登録される「旧竹内家住宅」で、自然とともに歩んできたこの地の暮らしを垣間見た後、すぐ脇を流れる四万十川へ。河畔にたたずみ、清らかなせせらぎの音を聞いていたら、いつしか時が経つのを忘れていた。

駅で見た「旅も、くらしも、ゆっくりがえい。」という言葉が頭の中で蘇った。

松前《まさき》駅

伊予《いよ》鉄道郡中《ぐんちゅう》線 | 愛媛県松前町

漁師町の木造駅舎から古い伝説が残る神社へ

伊予鉄道郡中線は前身の南予鉄道が1896年に全線開業。松前駅も同年開業。松山市駅から約20分

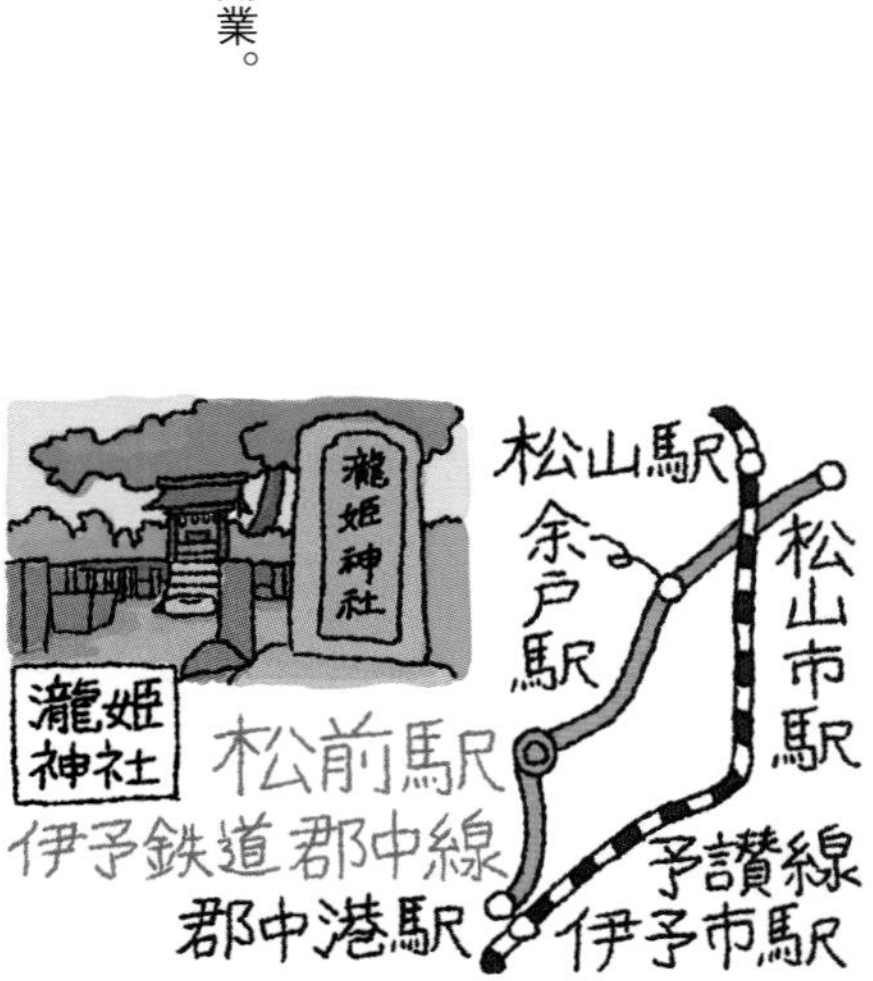

松山市駅からミカン色をした伊予鉄道の電車に乗って郡中港駅へ向かう郡中線の旅に出た。列車に乗っていると古くから残る木造駅舎が見られ、中でも岡田駅と松前駅が印象的だった。

その一つ、松前駅に降り立つ。〝駅長〟と書かれた古

い看板がある駅舎は、板張り壁で、年季の入ったこげ茶色の風貌に歴史を感じる。建築年は不明だが、伊予鉄道の駅舎の中で一番古い可能性があるという。

駅近くの漁港の脇に瀧姫《たきひめ》神社という小さな祠《ほこら》があった。平安時代、伊予国へ流刑《るけい》となり松前の地で助けられ、その後、行商人として暮らしたと伝わるお瀧姫が祀られている。松山地方で〝おたた〟さんと呼ばれる魚を売り歩く女性は、〝おたき〟がなまったものとされる。

古い駅舎が残る漁師町では、心温まる言い伝えが今も大切にされていた。

門司港《もじこう》駅

鹿児島《かごしま》線 | 福岡県北九州市

レトロな町に輝き続ける
風格ある国の重要文化財

1889年に博多駅―千歳川仮停車場間に開業した九州鉄道が前身。門司港駅は1891年に門司駅として開業し、1942年に改称。山陽新幹線小倉駅から約15分

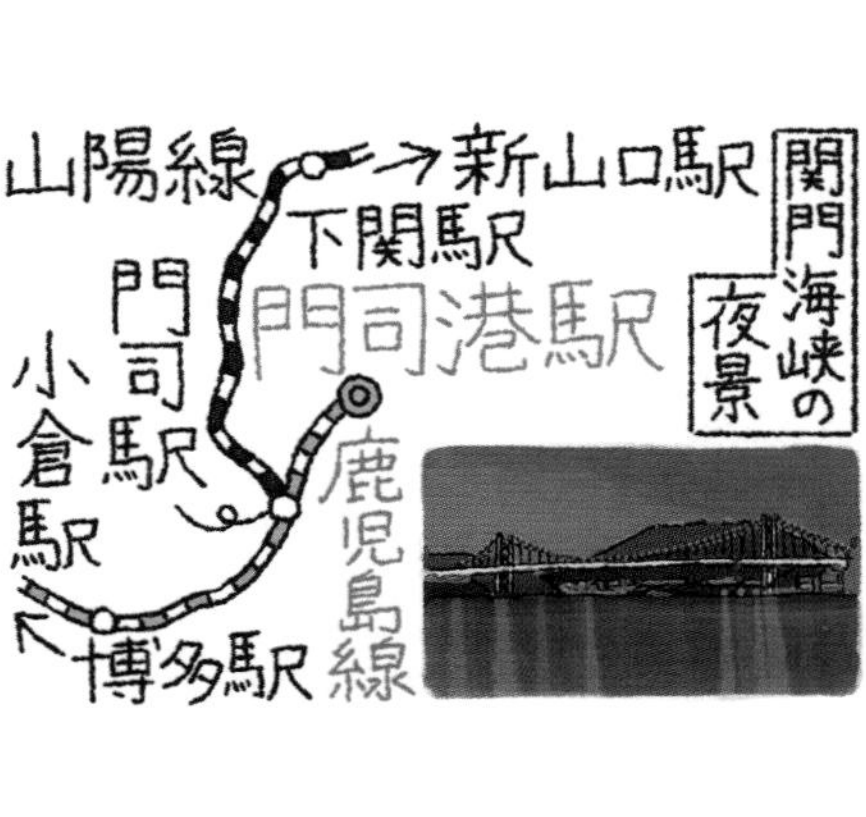

1942年の関門鉄道トンネル開通まで、門司港駅(それまでは門司駅)は関門連絡船との中継地として栄えた。2本のプラットホームが車止めのある端でつながる、昔ながらのターミナル駅の雰囲気を今も漂わせている。1914年築の駅舎は、日

本の駅舎として初めて国の重要文化財に登録された。創建後、改修を繰り返してきたが、老朽化対策と耐震補強をするため大規模な保存修理工事が行われ、2019年に創建当時の姿に蘇った。

横浜、神戸と並ぶ三大貿易港として発展した町には歴史的建造物が数多く残る。それらを保存しようと〝門司港レトロ〟というテーマに沿って整備され、夜になると華やかなイルミネーションに包まれる。

門司港駅はその玄関口として、これからも輝き続けることだろう。

千綿《ちわた》駅

大村《おおむら》線 | 長崎県東彼杵《ひがしそのぎ》町

波穏やかな海を一望 夕焼けに染まる駅舎

1898年に長崎線の一部区間として全線開業。1934年に大村線へ改称。千綿駅は1928年に開業。佐世保線佐世保駅から区間快速で約45分

佐世保駅から大村線直通の列車で旅に出た。早岐《はいき》駅を出ると、列車は「早岐瀬戸」と呼ばれる海峡沿いを南下していく。小串《おぐし》郷《ごう》駅を過ぎると右手車窓に広い海が見えてきた。早岐瀬戸と針尾瀬戸の二つの狭い海峡だけで外海とつながる大村湾は、とても波穏やか。大村線の駅で唯一、その海に面している千綿駅に降り立った。

昭和初期に建てられ、1993年に改築された駅舎は、板張り外壁、瓦葺《ぶ》きの造りで、開業当時のレトロな面影を残している。

駅から歩くこと約30分。大村湾を見下ろす高台にある江《え》ノ串《くし》の棚田に着いた。海岸線を行く列車とその先に広がる青い大村湾という絶景をしばし堪能した。

駅へ戻ると、ホームの向こうで太陽が煌々《こうこう》と輝いていた。美しい夕日に酔いしれながら、駅をあとにした。

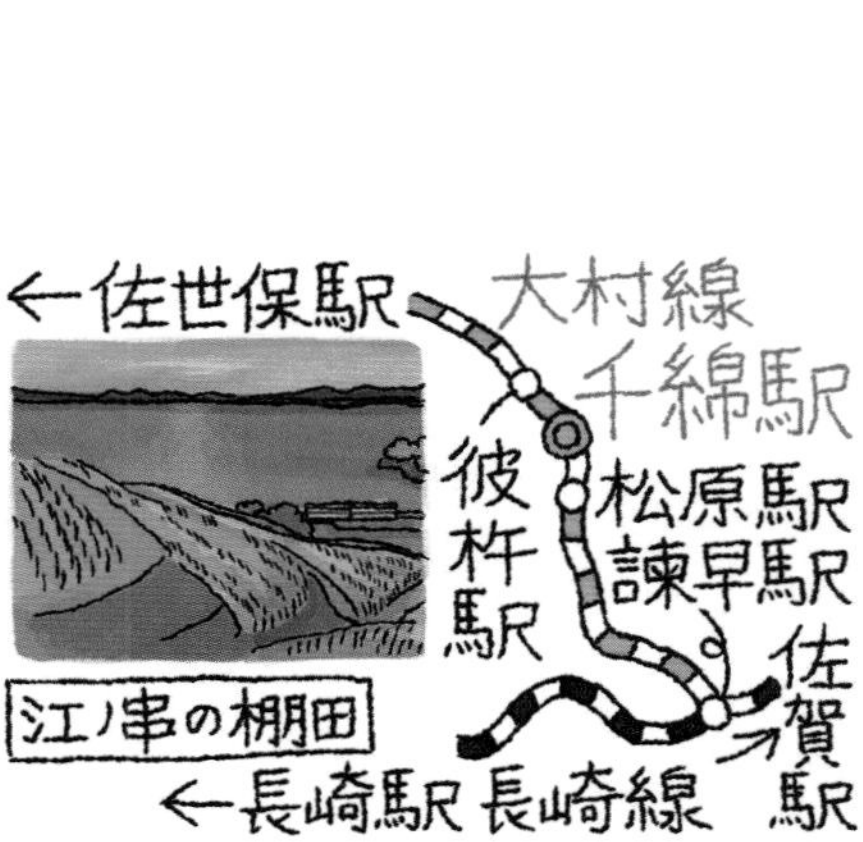

HELLO

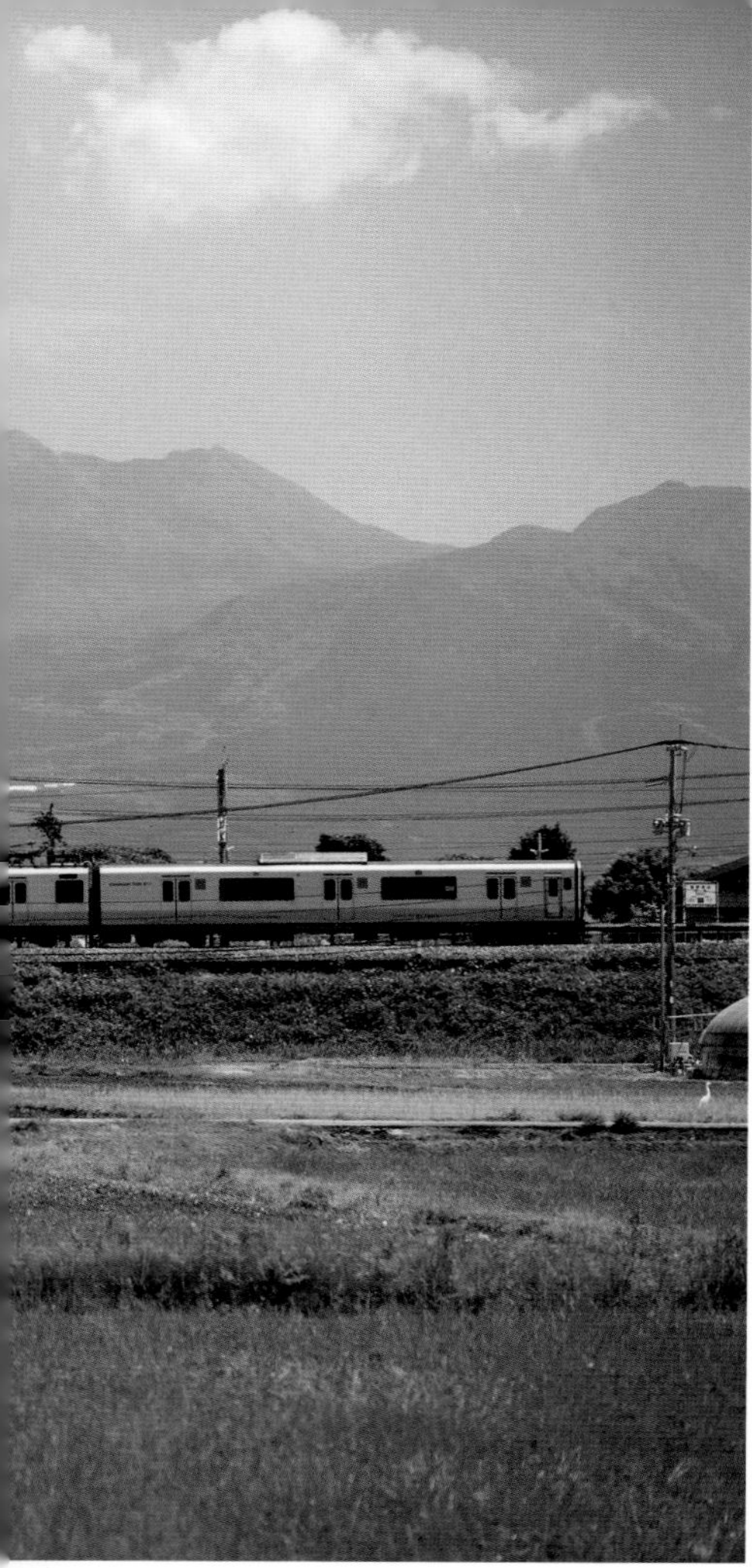

長里《ながさと》駅

長崎線 | 長崎県諫早《いさはや》市

青い海と干潟を眺めながら雲仙岳に抱かれた絶景駅へ

長崎線は1934年に有明ルートで全線開業。長里駅は1990年に開業。肥前山口駅から約1時間

博多駅から特急で長崎駅へ向かう途中、青い海と山影を望む車窓に心がひかれた。調べたら、肥前《ひぜん》大浦―長里駅間辺りで望める諫早湾と雲仙岳であった。

後日、普通列車で再訪した。列車は肥前鹿島駅を過ぎると左に有明海を見なが

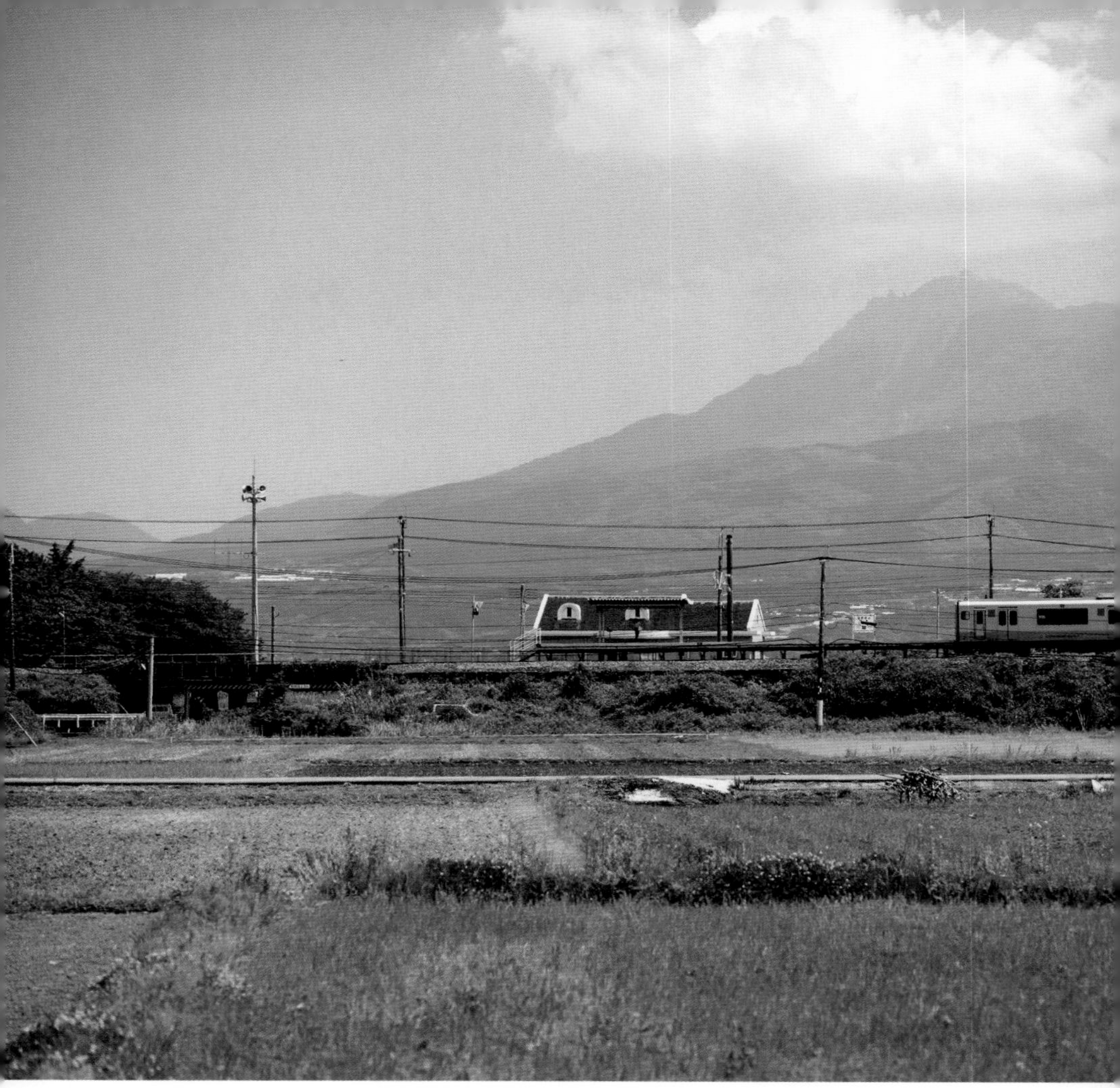

ら走り、やがて島原半島を望む干潟に面した小《こ》長《なが》井《い》駅に到着。はじめは黒く見えていた干潟も、潮が満ちてくるにつれてキラキラと輝き出した。

その海を眺めながらさらに先へ。クリーム色のレンガ調の外壁が青い海に映える長里駅に着いた。徒歩30分ほどの所に国の天然記念物があると聞き訪ねる。日本一大きいといわれるオガタマノキは、推定樹齢1000年。山の守り神ともいえる威風堂々たる姿を拝み、駅へと続く下り道を歩いていると、その先には、雲仙岳が迫る絶景が広がっていた。

大木《おおぎ》駅

松浦鉄道西九州線 | 佐賀県有田町

陶磁器の里を走る1両列車 無人ホームから山並み望む

旧国鉄松浦線は1936年に佐世保鉄道を国有化し、1945年に全線開業。1988年に松浦鉄道に転換。大木駅は1960年に開業。有田駅から約15分

九州西端を走る松浦鉄道に乗った。有田焼で有名な有田町にある有田駅を出発した列車は、伊万里《いまり》焼の里にある伊万里駅を目指し、有田川に沿って進む。

ほどなくして築堤《ちくてい》上の大木駅に到着。平成時代に開業した新駅が多い松浦鉄道

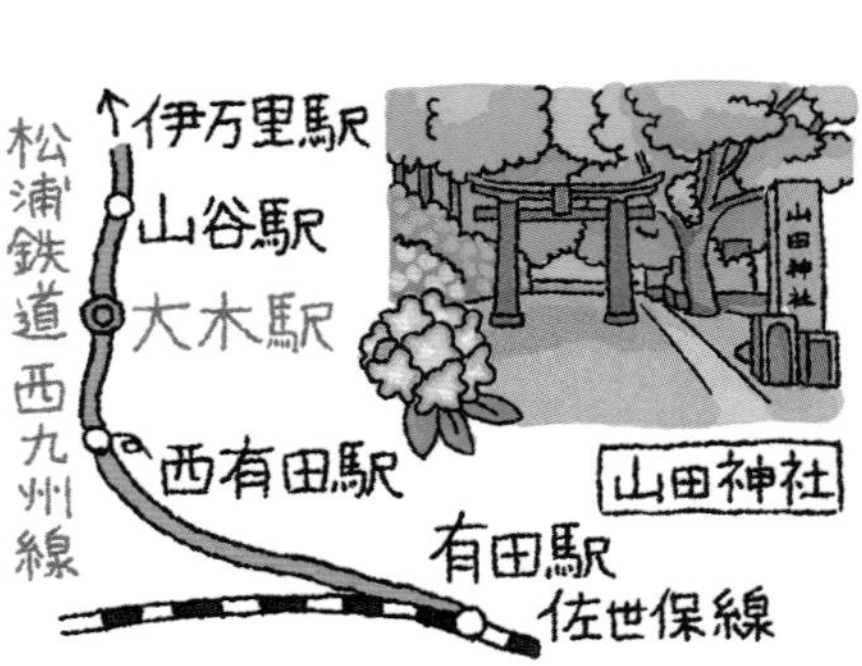

にあって、ここは前身である旧国鉄松浦線時代の1960年に開業した。レールを骨組みに使った土台の上に、小さな待合室とホームがあり、北松浦半島の最高峰、国見山がそびえる佐賀・長崎県境の稜線を望む。周辺ではムラサキハナナなどの春の花が咲き、訪れる人を迎えてくれる。

駅から北へ歩くと九州自然歩道があり、当地を治めた松浦党有田氏の唐船《とうせん》城跡である唐船山が見えてくる。山の北側斜面にある山田神社ではシャクナゲが咲き、辺り一帯を華やかに彩っていた。

南《みなみ》阿《あ》蘇《そ》白《しら》川《かわ》水《すい》源《げん》駅

南阿蘇鉄道高森線 | 熊本県南阿蘇村

阿蘇山の雄大な景色にとけ込む〝水の生まれる里〟の新駅

旧国鉄高森線は1928年に全線開業し、1986年に南阿蘇鉄道に転換。南阿蘇白川水源駅は2012年に開業。高森駅から約10分

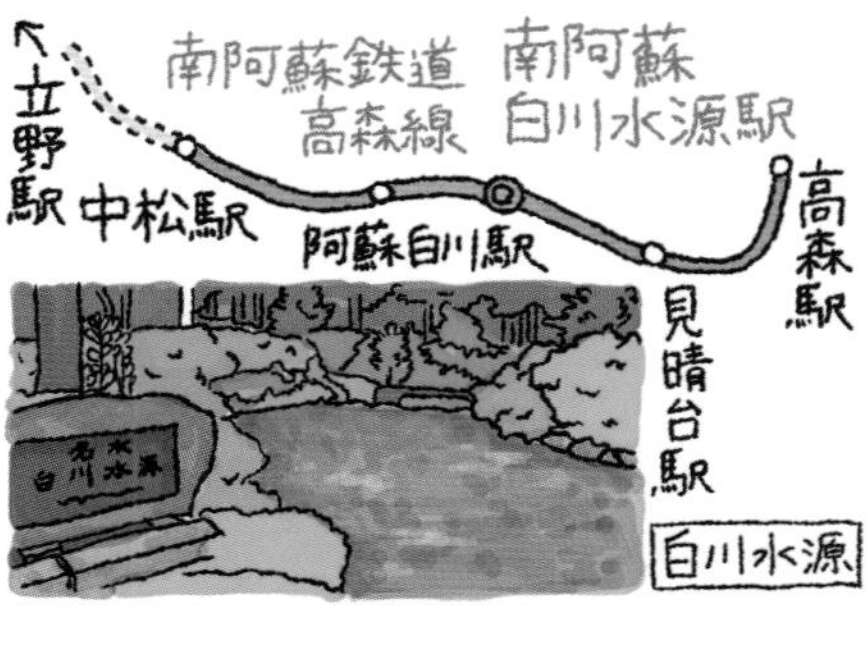

2019年の春、約10年ぶりに阿蘇山周辺を旅した。阿蘇五岳の南麓を走り、立野駅と高森駅とを結ぶ南阿蘇鉄道高森線は、阿蘇山の雄大な風景が見られる人気の観光路線だ。

南阿蘇白川水源駅は、環境省の昭和の「名水百選」に

選ばれた白川水源の最寄り駅。地元南阿蘇村の要請により高森線で10番目、最も新しい駅として開業した。背後に阿蘇内輪山の美しい山並みが広がり、春になるとホーム周辺に植えられたサクラソウが花開く。
高森線は2016年の熊本地震によって一時全区間が不通となったが、その年の7月には高森―中松駅間でいち早く運転を再開。名物のトロッコ列車を含めた1日3、4本の列車がのどかな田園風景の中を走る。
かわいらしいトロッコ列車を見送りながら、1日も早い全線復旧を願った。

※南阿蘇鉄道高森線は、2016年に起きた熊本地震で被災した影響で、2021年6月現在、立野ー中松駅間が運休。全線再開は2023年夏頃の見込み

滝宮《たきのみや》駅

高松琴平電気鉄道琴平線

香川県綾川町

急傾斜の瓦屋根に守られた大正ロマン風の木造駅舎

高松琴平電気鉄道（通称「ことでん」）のターミナル、瓦町駅から琴平線に乗った。琴平線はことでん3路線の一つで、金刀比羅《ことひら》宮参詣者の輸送を目的に1926年に一部開業した。

街中を抜けた列車は駅舎がひときわ印象的な滝宮駅に着いた。近くには、かつてこの地に赴任した菅原道真を祀る滝宮天満宮があり、多くの参拝者を集める。

駅舎は開業当時のもので、現在は板張りだが元々は柱と柱の間に漆喰《しっくい》を塗ったハーフティンバー様式の洋風木造建築。ことでん初代社長が関西の私鉄へ視察に出向き、そのデザインを参考に建てさせたという。今は近代化産業遺産に認定されている。瓦屋根が印象的で水色やピンク色をあしらった外観は当時流行していた大正ロマンを感じさせる。初代社長の洒落《しゃれ》っ気《け》が今に伝わり、旅情をかきたてられた。

高松琴平電気鉄道琴平線は1948年に全線開業。滝宮駅は1926年に開業。瓦町駅から約40分

牟岐《むぎ》駅

牟岐線

徳島県牟岐町

ウミガメの産卵地そば南国ムードに包まれて

牟岐線は1973年に全線開業。牟岐駅は1942年に開業。高徳線徳島駅から約2時間

四国南岸の美しい海を目指し、牟岐線沿線を旅した。「阿波室戸《あわむろと》シーサイドライン」の愛称を持つ牟岐線だが、海の見える区間はごくわずかだ。途中、田井ノ浜を左の車窓に見た列車が山を下り再び海へ近付くと、牟岐駅に着く。

オレンジ色を基調とした木造の駅舎は、牟岐線開業当時の終着駅として、1942年に建てられたもの。駅舎を出ると、ツツジに彩られた植え込みにカナリーヤシが青々とした大きな葉を茂らせ、南国ムードを漂わせていた。

駅から1㌔ほどの砂美《さび》の浜はウミガメが産卵にくることがあるという白砂の海岸。そこから続く「南阿波サンライン」をいくと、外ノ牟《とむ》井ノ浜《い》から始まる千羽海崖《せんばかいがい》の美しい海岸線が延びる。透き通る海や雲ひとつない空の青さが、今も脳裏に強く焼きついている。

豊後中村駅《ぶんごなかむら》

久大線《きゅうだい》

大分県九重町《ここのえ》

藁《わら》葺《ぶ》き屋根の駅舎
豪雨災害から復旧して

桜のトンネルで知られる豊後中川駅を訪ねた帰りに、豊後中村駅に立ち寄った。

九重町中心部にある豊後中村駅は、九重山《くじゅうさん》を訪れる観光客や登山客などで古くからにぎわっていた。

2007年に駅舎が九重町に無償譲渡されると、九重〝夢〟大吊橋など付近にできた新名所への玄関口として、また地域住民の交流拠点とするため、2010年に全国で2例目となる藁葺き屋根の新駅舎に建て替えられた。野上《のがみ》川を挟んで反対側から駅を見ると、まるで田園にたたずむ古民家のように周囲の風景に溶け込んでいる。

2020年7月の豪雨災害により久大線は一時運休を余儀なくされたが、2021年3月に復旧。それに合わせ駅舎の屋根も葺き替えを終えた。装いも新たになった駅舎も一度訪れてみたいと思う。

1915年に開業した大湯(だいとう)鉄道が前身で、1934年に全線開業。豊後中村駅は1928年開業。日豊線大分駅から約1時間20分

真《ま》幸《さき》駅

肥薩線《ひさつ》

宮崎県えびの市

日本三大車窓を快走 山間に幸せの鐘が響く

1909年に鹿児島線の一部区間として全線開業。1927年に肥薩線へ改称。真幸駅は1911年開業。鹿児島線八代駅から約2時間10分

人吉駅から、いさぶろう・しんぺい号に乗り、蒸気機関車が走っていた時代には難所であった人吉―吉松駅間を巡る旅に出た。

市街地を抜け、列車は徐々に山間へ。最初の大《お》畑《ばこ》駅は日本で唯一スイッチバックとループ線が併用され、駅で2度折り返した列車は、その後すぐにループ線へと入る。

さらに高度を上げ矢岳《やたけ》駅を過ぎ、矢岳第一トンネルを抜けると、日本三大車窓の一つの眺望が広がった。霧島連峰や海の向こうの桜島を望み、山を下っていくと、もう一つのスイッチバック駅である真幸駅に到着した。

宮崎県で最初にできた駅で、1911年開業当時の木造駅舎が今も残っている。ホームには〝幸せの鐘〟があり、幸せの度合いに応じて3回まで鳴らせる。

「1、2、3回!」。その時の気分を鐘に込めてみた。

※2020年7月の豪雨災害の影響で、八代ー吉松駅間は運休中（2021年6月現在）

牛《うし》ノ浜《はま》駅

肥薩《ひさつ》おれんじ鉄道

鹿児島県阿久根市

映画の舞台となった波の音が迎えてくれる無人駅

鹿児島線として1927年に全線開業し、2004年に肥薩おれんじ鉄道へ移管。牛ノ浜駅は1922年に開業。川内駅から約30分

川内《せんだい》駅から始発列車で肥薩おれんじ鉄道を北上する。薩摩高城《さつまたき》駅を過ぎると東シナ海沿いを進むが、海はまだ暗く、船の灯《あか》りが見えるだけだった。

川内駅を出て約30分、沿線随一の景色という牛之浜海岸近くの牛ノ浜駅に降り立つと、すぐ波の音が聞こえてきた。対面式ホームをつなぐ跨線橋《こせんきょう》から朝焼けを映す海がうっすらと見えた。

ここは、シングルマザーの主人公が、亡き夫の連れ子と鉄道運転手をする義父と暮らしながら、夫の夢でもあった鉄道運転手への道を目指して歩んでいく模様を描いた、映画「かぞくいろ―RAILWAYSわたしたちの出発―」(2018年)の舞台にもなったという。

やがて空が明るくなるにつれ、海の青さが徐々に増していった。牛之浜の海が人の心をひきつける理由《わけ》が分かる気がした。

赤《あか》嶺《みね》駅

沖縄都市モノレール

沖縄県那覇市

南国ムードに包まれた日本最南端の駅

"ゆいレール"の愛称で親しまれる日本最南端の鉄道、沖縄都市モノレールを巡る旅に出た。

日本最西端の那覇空港駅から2両編成の列車に乗り一つ目の赤嶺駅で下車。駅前に「日本最南端の駅」の碑がある。駅舎の背後に入道雲がわき、街路樹のホウオウボクと相まって南国ムードを盛り上げている。

赤嶺駅から六つ目の美栄《みえ》橋《ばし》駅で下車しレンタサイクルを借りて、与那原《よなばる》町へ繰り出した。

沖縄では戦前まで沖縄県営鉄道が三路線の軽便鉄道を運行していた。その一つの与那原線の終点にあたる与那原駅駅舎が、2014年に復元された。白壁がまぶしい駅舎内に沖縄の鉄道に関する資料が展示され、歴史の一端に触れられた。

ゆいレールは2019年に延伸し「てだこ浦西駅」まで開業。19駅となった。

沖縄都市モノレールは2019年にてだこ浦西駅まで全線開業。赤嶺駅は2003年開業。那覇空港駅から約3分

駅舎のある風景

2021年6月28日　第1版発行

著者　越　信行
発行人　坂元　隆
発行所　株式会社旅行読売出版社
〒101-8413　東京都千代田区岩本町1-10-5
ＴＭＭビル2F
ＴＥＬ　03・6858・4300
ＦＡＸ　03・6858・4301
編集　松田秀雄
イラストマップ　森元紀子
装丁　高橋勝美（ジーピーエス）
印刷・製本　図書印刷株式会社

Printed in Japan ISBN978-4-89752-330-9　C0026
定価はカバーに表示してあります。
乱丁、落丁本はお取り替え致します。